文字音韻學論叢

劉盼遂 編著

貴州出版集團
貴州人民出版社

圖書在版編目（CIP）數據

文字音韵學論叢 / 劉盼遂編著 . -- 貴陽 : 貴州人民出版社 , 2024. 9. -- ISBN 978-7-221-18634-8

Ⅰ . H11

中國國家版本館 CIP 數據核字第 202479D3R4 號

文字音韵學論叢

劉盼遂　編著

出 版 人　朱文迅
責任編輯　辜　亞
裝幀設計　采薇閣
責任印製　衆信科技

出版發行　貴州出版集團　貴州人民出版社
地　　址　貴陽市觀山湖區中天會展城會展東路 SOHO 辦公區 A 座
印　　刷　三河市金兆印刷裝訂有限公司
版　　次　2024 年 9 月第 1 版
印　　次　2024 年 9 月第 1 次印刷
開　　本　710 毫米 ×1000 毫米　1/16
印　　張　21.75
字　　數　131 千字
書　　號　ISBN 978-7-221-18634-8
定　　價　88.00 元

出版説明

《近代學術著作叢刊》選取近代學人學術著作共九十種，編例如次：

一、本叢刊遴選之近代學人均屬于晚清民國時期，卒于一九一二年以後，一九七五年之前。

二、本叢刊遴選之近代學術著作涵蓋哲學、語言文字學、文學、史學、政治學、社會學、目録學、藝術學、法學、生物學、建築學、地理學等，在相關學術領域均具有代表性，在學術研究方法上體現了新舊交融的時代特色。

三、本叢刊遴選之近代學術著作的文獻形態包括傳統古籍與現代排印本，爲避免重新排印時出錯，本叢刊據原本原貌影印出版。原書字體字號、排版格式均未作大的改變，原書之序跋、附注皆予保留。

四、本叢刊爲每種著作編排現代目録，保留原書頁碼。

五、少數學術著作原書内容有些許破損之處，編者以不改變版本内容爲前提，稍加修補，難以修復之處保留原貌。

六、原版書中個别錯訛之處，皆照原樣影印，未作修改。

由于叢刊規模較大，不足之處，懇請讀者不吝指正。

目録

卷一

甲骨中殷商廟制徵……一一
釋工玉同字……二一
釋因等十四文……二五
釋九錫……二九
嫦娥考……三三
穆天子傳古文考……三五
跋王靜安師西吴徐氏印譜序……三七
古小學書輯佚表……四五

卷二

説文重文疏自序……七三
上黄季剛師論重文書……七七

轉注甄微……八一
由埤雅右文證假借古義……八七
說文師說……九五

卷三

反切不始于孫叔然辨……一二一
詩蝃蝀篇韻說……一三三
中國文法複辭偏義例……一三七
說文漢語疏……一四九
淮南許注漢語疏……二一五

卷四

說文聲譜自序……二二五
六朝唐代反語考……二三三
跋唐寫韻書二殘箋……二五七
廣韻叙録校箋……二六一

黄氏古音廿八部商兑……二八五

附録

王安石字説源流考——劉銘恕 著……三〇一
補遺一首　孫氏古文聲系序……三三一

劉盼遂著

文字音韻學論叢

謝國楨題

劉盼遂編著

文字音韵學論叢

北平人文書店出版

序

伯兄盼遂先生，幼禀庭勑，即有奇字之癖。每詩文出，舊輩恆苦其難於徧識，戲以樊宗師目之。比長，鼓篋京師，得奉手問教於王靜安黃季剛兩先生之門。王先生揅通龜契鼎彝文字。黃先生則滋浸於許叔重陸法言之書，而闚發之，密察之。貫乎小學界脊爲魁杓者也。伯兄從游兩先生久。故能登堂闚奧，據筵嚌胾。而益以恢閎闢裏矣。近十年來，都講南北上庠。授業餘隙，間有撰述，刊揭各學報雜志中者，無慮數十百通。蓋凡經學史籍文法辭章斠勘目錄之倫，靡不波及。而要以考訂訓詁音義者爲夥頤。特輓近報章，率係單幅散帙，旋就譌落。同好者或來假讀披賞，每憾不能類拾即得。伯兄因督銘恕於圖書府中，從事綴緝。凡其中之專攻文字學者，共得二十餘篇。釐爲四卷。略以金甲文，說文，古韵部三門列次弟焉。編成，取質家之意，命之曰文字音韻學論叢。舉畀梓人，期以就正並世哲工云爾。乙亥仲春，同懷弟銘恕謹序於日本東京大學院。

文字音韵學論叢

目錄

卷一

甲骨中殷商廟制徵
釋工玉同字
釋因等十四文
釋九錫
嫦娥考
穆天子傳古文考
跋王靜安師西吳徐氏印譜序
古小學書輯佚表

卷二
說文重文疏自序
上黃季剛師論重文書
轉注甄微
由埤雅右文證假借古義
說文師說
卷三
反切不始于孫叔然辨
詩蟋蟀篇韻說
中國文法複辭偏義例
說文漢語疏
淮南許注漢語疏

卷四
說文聲譜自序
六朝唐代反語考
跋唐寫韵書二殘籤
廣韵叙錄校箋
黃氏古音廿八部商兌
附錄
王安石字說源流考 劉銘恕著
補遺一首
孫氏古文聲系序

文字音韻學論叢卷一

息縣劉盼遂著

甲骨中殷商廟制徵

天子廟制之說，至爲糾紛，而殷商廟數，尤難鈎稽。呂氏春秋有始覽，諭大篇，引商書曰：『五世之廟，可以觀怪。』是殷人爲五廟制矣。王肅尙書說命曰：『七世之廟，可以觀德。』是殷人爲七廟制矣。禮記王制：『天子七廟，三昭，三穆，與太祖之廟而七。』鄭君據禮緯稽命徵，孝經緯鈎命訣之言，定七廟爲周制。殷則六廟，契及湯，與二昭二穆。是殷人又爲六廟制矣。後儒各爲依附，展轉援引，互相非難，用自申遂；而殷人運而往矣，迄無的質，終不能得確鑿之論，使學者疑。今幸殷人卜辭，出於洹上，更諸通儒之愼思明辨，足爲信史；而殷人廟祧制度遂可由此而決，甯非研究古禮者之一快乎！蓋殷人廟制，呂覽與僞說命之說，並非。鄭君之說廟數是，而序昭穆則非也。殷人六廟之主，爲上甲微，報乙，報丙，報丁，及示壬，示癸是也。廟爲太乙所立，後王因而不毁。故殷人爲六廟制矣。予于甲骨文中，得證凡數十焉，茲括分之爲二類，略加疏證如左：

一自祭法觀之：卜辭中「衣」之名約十五見，而屬于上甲微者，凡十二。如：

庚辰卜口貞翌辛己三酒彡口自⊐田衣至于多后亡它（明義士殷虛卜辭第十九葉）

闕口貞翌甲子三酒口自⊐田衣至于后（同上第四十一葉）

癸丑卜口貞王賓口自田至于多后衣亡口（前編卷二第二十五葉）

口亥卜貞王賓𢼄自田至于多后衣亡丈（同上）

口酉王卜貞今闕曰自田至于多后闕畎王占大吉在四月（同上）

辛巳卜貞王賓甶叔至于多后衣亡尤（同上）

𩰫田至于多后𩰫（同上）

癸未王卜貞酒彡月自甶至于多后衣亡它自吠在四月佳王二祀（卷三第二十七葉）

𩰫王卜貞今口口口口其酒彡日𩰫至于多后衣亡它在吠在𩰫王曰田大吉佳王二祀（同上第二十八葉）

𩰫貞酒翌日自甶至多后𩰫自吠在九月佳王五祀（同上）

丁酉卜貞王賓口自甶至于武乙衣亡尤（後編上卷第二十葉）

癸卯王卜貞酒翌日自甶至多后衣亡它自吠在九月佳王五口（同上）

等是。王靜庵師曰：「「衣」循「脂」「諄」對轉之例，叚借爲「殷」。大豐敦：「王衣祀于丕顯考文王」，比物此志也』。盼遂謹按：師說極是。易，豫象辭，『殷薦之上帝』，公羊文二年傳：『五年而再殷祭』，禮記，曾子問：『服除而后殷祭』，皆謂大祭。然則「殷」猶「禘祫」歟？禘祫者，凡毀廟未毀廟之主，皆陳于太祖廟中大合祭也。上甲于禘祫率領群示，意殷人所奉爲太祖廟矣。魯語，展禽論祀制曰：『上甲微能帥契者也，商人報焉』。契之後，惟上甲爲能纘其祖武，奉以爲六廟之始，亦其所也。上甲之後，成湯之先，凡得五君，曰報乙，報丙，報丁，主壬，主癸是。（史記作「報丁」，「報乙」，「報丙」，誤。茲依王師殷先王先公考所甄明者正訂）。則湯之創基立廟，舍六人莫屬矣。（攷歷代廟數，皆開國之君所立定。夏室尙矣。周成王六年，立七廟。是後若魏，晉，宋，齊，梁，陳，皆由創業之主，制定廟數。周本亦爲六廟。武王即位二年而崩。成王時周公立武王廟，遂成七廟。鄭君謂『殷廟六，湯居一焉』，失之）。又考殷之先人，多以六時名，若昭明，若昌若，若亥，若恒，若微，皆是。而微以後，則純以日名焉。微之名又稱上甲者，殆由成湯制定宗廟，爰易其名，用以與報乙，報丙，報丁，主壬，主癸配，以彌綸十日之首尾爾，非微之時已然又名甲也。皇甫謐謂『微字上甲』，（史記，殷本紀，索隱引）。曾不悟夏后之世，何曾有冠而字之禮乎？殷六廟之純以日名，與侯景稱制建業，立七廟，追造祖宗之名，應無大異矣。或謂魯語有曰：『殷人禘嚳（嚳原作舜，依韋昭注改）。而祖契，郊冥而宗湯，』可知嚳契與冥爲殷先人之威靈赫濯者。此湯立六廟，乃舍三人而及微，是可滋疑難者矣。然縮繹卜辭，從未見有祀契之之文。若嚳，若冥，偶爾見諸貞卜，而不以領袖羣示，黨亦周制所謂『去祧入于壇墠，有禱焉祭之無禱乃止』之列與？（禮記祭法）。周人文，故親親與尊尊，相爲經維，親廟四，遠廟三；（鄭玄注春官守祧曰：『遷主，藏于后稷及文武之廟，是謂祧有三也）。殷人質，有親親而無尊尊，則六廟自上甲訖主癸也固宜。王子雍所爭論之六親廟，上及高祖之父，高祖之祖者，殷人廟制，殆如是矣。特以之說周制，則難免扞格之失耳。由祭儀而攷見殷廟，此一事也。

一自名號觀之：卜辭中上甲之甲作田，或田；報乙作匚乙；報丙作匚丙；報丁作匚丁。靜安師因是推論殷人已有壇墠，及郊宗石室之制。盼遂按：師所推論是也。攷石室之制，說者紛繁。惟摯虞決疑注，謂『廟主藏于戶之外，西墉之中；有石函，名曰「石祏」。函中笥以盛主』，爲得其實。卜辭祏字有作𥘅，（前編卷六第三葉）𥘅，（同上）𥘅，（後編下第三十二葉）三形。从「示」，「石」省。从石者，蓋即謂石函之制。田之口，匚乙匚丙匚丁之匚，即依𥘅𥘅之義，而以匚當象石函之形也。卜辭中于甲乙丙丁四人，特飾以石室者，亦以其爲殷室不祧之祖，故獨示矜異，以明別于諸壇墠之先公歟？觀于上甲，報乙，報丙，報丁之藏主于廟。而飾以口匚諸識。上甲之前，嚳也，契也，相土也，季也，王亥也，王恆也諸人，絕無徵識，是其居于爲壇爲墠之列，而無與于廟祧，居然可知矣。至若示壬，示癸爲太乙之祖若考，太乙履貞，追遠報本，自當入親廟之班，義無容疑。況示壬，示癸，太史公書稱爲主壬主癸，與甲乙丙丁之以石室示別者，又一致而同歸乎？此亦六人爲殷廟宗主之確徵矣。非惟是也。匚乙，匚丙，匚丁，史記名爲「報乙」，「報丙」，「報丁」矣，而魯語則稱商人報上甲微，孔叢引逸書：『惟高宗報上甲微，』魯語韋昭注：『報，報德也，祭也。』則上甲，報乙，報丙，報丁，爲受同等之享祠矣。又卜辭有一條曰：『辛己，卜大貞之自田元示，三牛；二示，一牛，十三月』。（前編卷二第二十二葉）又一條曰：『癸卯，卜彭夲貞乙己自田，廿示，一牛；二示，羊；A登；三示，彘牢；四示，犬』。（戩壽堂所藏殷虛文字第一葉）又一條曰，『貞御自田，大示，十二月』。（前編卷三第二十二葉）玩上三條，皆以「元示」「大示」號上甲，報乙，報丙，報丁，主壬，主癸，此靜安師所發明，亦因以見甲乙丙丁之名，與示壬示癸之名有會通也。即元示大示之始諸上甲，不更可証成殷廟之自上甲始乎？又況上甲亦稱主甲，（郭璞注山海經，大荒東經，引竹書紀年，『上甲微』作「主甲微」）。報丁一作示丁，（殷虛書契精華第九葉有「示丁」），王師謂爲「報丁」）。尤足以見殷人于上甲，報乙，報丙，報丁，示壬，示癸之尊嚴威靈，固等量而齊觀，無所軒輊者矣。借非成湯尊六人爲六廟宗主，恐後王之尊祖，不能有如是之齊一也。六先王之號，曰「報」曰「示」曰「主」，本湯有天下之後，以神之禮，祀其先，猶成周之追王矣。（略本羅雪堂先生殷虛書契攷釋說）本無主名，故可通用。六人之名號既通，寵禮不異，殷人而廟食其先，固非六廟不得矣。由名號而攷見殷廟宗主，此又一事也。

二事之外，尙有旁證一焉。逸周書世俘解云：『武王乃翼矢珪矢，憲天宗上帝，格于廟。秉語治庶國籥人九終。王烈祖，自大王大伯，王季，虞公，文王，邑考以列升。』攷克殷之時，武王稱王久矣。與殷商爲敵國，自宜僭擬天王之制，不自謙下。而克殷獻俘之際，廟中神席，以太伯，虞公，邑考，與三王並升，兄弟相繼，猶秉殷禮，則其廟數六之擬殷制，無疑矣。周人擬殷，而祭六廟，而謂殷人之非六廟制度，其誰信之？此殷廟制度，于故簿中可證明者，又加此。

統以上三事觀之，殷人六廟之說，可得而疏通証明者，已確鑿矣。而春秋以降，學者于此事之考辨，亂絲棼如；非其短于知也，良由不睹古文，無所隱據，故也。孔子徵殷禮，而興喟于文獻不足，況後賢乎？頃者地不愛寶，龜出殷墟；謭弱如予，起而從事于此艱巨之問題，且有涂徑焉，謂非受當代諸通儒攷証之所賜歟？乙丑歲莫，述于清華研究院。

周秦兩漢學者，多數徵殷人廟制。夫殷土芒芒，誠難言矣。然鄭君大儒，言之鑿鑿。意者，殷人廟數，雖未能如鄭君之齊一，然亦不必全無依據。予因披揀甲骨，舉可徵論者如此。殷人徧祀先王先公，而謂之為六廟者，成

十

湯開國，祀先公六代，後世因而不革。六廟之說，由此而立，揆之情理，當如是也。文成後謹質之靜安師，師謂：『就名號攷殷制，亦可存一說。』並正其譌謬數處。退而再爲釐正，質諸當代之治古禮者。廿四日盼遂又記。

釋工玉同字

淮南鴻烈道應訓有玄玉百工之言，高誘注，二玉爲一工。段氏玉裁釋之曰，工與玨雙聲，百工即百玨也。（說文解字注卷第一玨部玨字下，）朱氏駿聲疑玨爲全之誤字。（說文通訓定聲需部）盼遂按以上三說皆失之。古者工玨與玉，筆有繁減，字則非二。此由古文字中可徵知者也。然此義自許叔重時已芒昧矣。更何怪後之人。今試汎引以証成此說。貞卜文字有𠕁（殷虛書契前編卷六第三十九葉）有𠕁（上同）有𠕁，（後編下卷二十九葉）王靜安師釋文謂上三形皆豐之省文。按師說極精。豐即禮醴之本字。（按卜辭無禮醴二字則二字爲周代由豐孳乳之字）殷時祭祀牢鬯外，恒薦以玉，（前編卷一第十三葉）至周因而不革。周官大宗伯職典瑞四圭有邸以祀天旅上帝，兩圭邸以祀地旅四望，祼圭有瓚以肆先王以祼賓客，圭璧以祀日月星辰，璋邸射以祀山川以造贈賓客。玉以將禮，信而有徵如此。則𠕁中之工，𠕁中之𤣩，𠕁中之玨，三者同字明矣。此一證也。

甲骨文字有□殷墟書契後編卷下第四葉有□，鐵雲藏龜一百四十三葉以上二形，羅雲堂先生均釋巫極是。从工即从玉也。考說文靈字說解，示玉也，以玉事神。故巫字象雙手執玉之形。許氏不知工字即玉，因誤□爲□，謂巫象兩袖舞形，與𢀛同意。𢀛字依段氏注訂，段氏工字注云，𢀛有規矩，而彡象其善飾，巫事無形，亦有規矩，故云與工同意，按𢀛即甲骨亞亞省文，正𢀛之爲玉與巫之爲玉之確証，惜段氏未及知甲文而闕之耳，失之遠矣。又考說文靈字正體作靈从玉，是巫之爲巫，實側重于玉。僅謂爲兩袖善舞，宜其謚之多匡刺矣。此就巫字明工王一字之又一證也。

說文，仝从入从工，全篆文仝，从玉。純玉曰全。自來于仝字从工之意，解說紛繁，訖無是處。按仝即全也。从工亦从玉矣。仝訓純玉，自古義之流傳者。乃許君不遑理解，猥云完也。而繫純玉之義于全篆之下，可云巨失。然非古文字學之駿發，又烏能有此快意之證明乎。

又考古庸器金多作全，酓鼎兮仲鐘𥾣盨鍾昆疕王鐘等頗疑古代仝爲純玉之字，全爲精金之字，金从玉者，謂金之光色與玉同符采，猶鋈爲美金而从玉爲字矣。後人昧于工之本義，因奪仝之故訓，加諸全字。而仝全之義兩晦。然由此貿足以證成工玉同字，不可謂非許氏存古之功也。此又一證矣。貞卜文字有半前編卷六第六十五葉有半後編上二十六葉有王前編卷六第二十六葉有王後編卷五第四葉有𡈼前編卷五第三十葉有𡈼前編卷一第三十葉按以上數形，皆古代朋玨之本字，靜安師釋朋玨篇暢言之矣。實則半王𡈼三形皆一貫三枚，後世篆文玉字之所出也。半王𡈼三形皆一毌二枚，則後世篆文工字所由昉也。本則同源，久漸派汜爾。此又工玉同字之一證矣。

最上四則觀之，則工字與玨與玉，特筆勢時見增省，而實則一字，已豪無疑義。而淮南一工之說，亦因之迎刃而解矣。然則古工玨玉同字異形固也。胡爲又有玨與玉之音乎。按工古在東部，玨玉古在屋部。用黃季剛先生說東屋本自相爲平入，故二部之字可以互出納也。容之从谷，㱿之从𡉉，龔之从共，筑之从巩，巩爲竹樂故从巩聲今竹聲者後人改耳皆其左證。則玨王之由東入屋，原亦循聲韻迤變之恒律，無足怪者。陸法言造切韻，以屋沃獨承東冬鍾，善哉非耳順者不足以與此也。且工之由聲孳乳，尚不止於此也。又循東蒸古通之例，入蒸部變蒸部音，後人因分出朋字矣。（靜安師說朋珏古同字故朋亦即工字王字丰字也）即東部玒（說文玉部玉也）丰（說文艸盛丰丰也按此後起義卜辭金文皆以丰爲玉爲珏無以之狀草木者骨文丰字金文丰字乙亥敦即此也許說有誤）玤（說文石之次玉者以爲繫壁按此合于骨文玤字之證）亦皆工之所孳乳轉注者也。然假非吉金卜骨之文之昌明于今日，則玉珏朋丰諸字之本原，幾何不永于沈埋乎。

釋因茵西囪䓞目㢴𠩺𢓼𢔁佤弻臥晵等十四文　劉盼遂

說文解字卷六口部「因就也，从口大。」按口大皆於因義無當，竊謂因即茵席之本字。口者象其四緣所際，大者所以象其縱紃文理之形矣。羅氏振玉以為因字象人臥席上形。殷虛書契考釋卷中非也。古者作因之材，或以筀竹，或取蒲蒻。後世之加草頭書作茵者，為彙增之文。實則象形作因，於意已十分具足。說文解字卷一艸部，「茵車重席也，从艸因聲」。古人崇車制，故就車立言。實則茵之使用於車，特其一耑焉爾。

因字後以形譌而有西囪二文。說文解字卷二谷部，「西舌皃，从谷省，象形。囪古文西，讀若三年導服之導。一曰竹上皮，讀若沾。」按許君从谷象形之說全非。其讀若與一曰之說，則是也。導服之導古音如禫。許意蓋以西囪為簟之初文，簟為茵囪之後出字矣。說文解字卷五竹部「簟竹席也」，毛詩斯干篇鄭箋，「竹葦曰簟。」沾古音在舌頭，亦與簟之聲韻相會。簟之緻者以竹膚爲之，故得斥爲竹上皮矣。廣雅釋器，「西席也」。曹憲音云，「西亦有本作茵字者。」據此知西也茵也原俱因之形壞字也。

茵之形壞則有茜。說文解字卷一艸部，「茜以艸補缺，从艸，西聲，讀若陝。依小徐本」陝音近苫，苫與簟義又相會矣。說文解字卷一艸部，「苫蓋也」。左氏襄公十七年傳「枕苫草」。杜注「苫編草也」。今按編草即茵席，俗猶呼編草爲苫矣。

因字本純象形。初亦或作𠥓形，即謝，宿，𢀖諸字之古文所從成體而可知也。許君誤以爲良之古文，誠未免野說矣。說文解字卷五畗部良字注，「𠥓古文良，𥃩亦古文良」。按𠥓𥃩疑亦皆篋之初文。說文解字卷五竹部，「篋籃也」。籃字从竹，今人制匡籃者先編席籍，籍形圓方，而後以竹骨定㠯，即成籃器。去竹骨又仍爲席矣。古時籃制蓋亦若是。故籃之古文作㿻首。

苜即因也。筤籃聲義並通。故形亦一貫。則目爲因茵之別制，煥然可知矣。說文解字卷七巾部，席之古文作⿸厂因。按从因在厂下，厂猶屋也。先師靜安先生謂即从席字，毛公鼎考釋獨具縣解。說文解字卷十二弜部，「弻輔也重也，从弜西聲」。按許君說此字聲義俱失。西即因之形變。古彝器毛公鼎番生敦均有「簟弼魚服」之語。弻字二器皆作弻，从因。故弻爲茀之本字矣。茀者車蔽，以簟爲之。詩言簟茀，故得从因。

說文解字卷七宀部，「宿止也，从宀㑥聲」。按金器豐姞敦，宿字作⿱宀⿰亻因，从人在宀下因上。夫人在宀之下因之上，故誼爲宿。許君謂宿从㑥，㑥古文夙字。說文解字卷七夕部，夙字下云，「宿古文夙，从人囟，㑥亦古文夙，从人西」。今按宿𠈃㑥三皆古文夙之古文正同。然說文解字卷八部首臥字釋云，「休也。从人臣，取其伏也」。臥从人臣，取義迂回。竊以謂臣爲因之形譌，即因字矣。實則人在因上，所以示臥，義最明儘。特[illegible]之形義偶沈，詁訓遂乖，異議滋紛爾。

至若殷虛書契復有[illegible]諸文，羅氏釋爲謝字。云「卜辭諸謝字从言，从兩手持席，或省言，或省兩手。知爲謝者，祭義七十杖於朝，君問則席。注，爲之布席堂上，而與之言。正義布席令坐也。此从兩手持席者，蓋臣於君前，不敢當坐禮，故持席以謝也。此古禮之僅存於祭義中者。今由卜辭觀之，知賜席之禮亦古矣。篆文从射聲，乃後起之字也。以上羅說」今按羅氏陳義閎美。匪特殷禮由之足徵，而目囟諸形之爲因爲茵，而釋作薦藉者，厥誼益由之而昭昭矣。

綜覽以上各證，則因字之貿化變易，其形亦非一軌。偶草斯篇，以見夫治文字而泥於象迹，誠難乎免於拘虛之蔽矣。辛未初夏寫定于故京女師大研究所。

釋九錫中納陛

古者九錫之制，初見於韓詩外傳。然第舉九事之名而闕其義。其戎輅六佾赤舄朱戶諸事，尚平篤易知。惟其納陛一端，則自來解者紛如。今舉其要者而詮次之。春秋說「納陛納入也，鑿堂對陛入為小階」（羅泌路史發揮九錫篇引，又謂張華記同。）禮緯含文嘉記九錫之禮，五曰納陛。宋均注曰，動作有禮，賜以納陛以安其體。劉熙釋名釋宮室「陛卑也，有高卑也，天子殿謂之納陛。言所以納陛。言所以納人言之階陛也」，漢書王莽傳顏注引孟康曰。「納內也。謂作殿基除為陛，不使露也」。師古曰，「尊者不露而升陛，故納之於霤下也」。漢書音義引如淳曰，「刻殿基以為陛，以有兩旁，上下安也」。文選潘元茂冊魏公九錫文李周翰注，「納陛者致於殿兩階之間，使其上殿」。盼遂按諸說雖辨，實皆非也。納陛者天子之禮。禮之以安為貴者也。納者引也援也。古者天子堂高數仞，登陟爲勞。（若大觀羣后則爲壇十有二尋，其上爲堂，天子於此南鄉而朝，覲禮記之詳矣）。故侍臣以玉瑗引其君以就便。說文玉部「瑗大孔璧也，人君上陛除以相引」。殷虛甲骨文有□（後編下第三十葉）有□（同上第三十三葉）有□（卷七第二十一葉）有□（卷六第十葉）諸字。羅叔言先生釋之曰，「許書瑗爲大孔璧，可容兩人手。人君上陛，防傾跌失容。故君持瑗，臣亦持瑗以牽引之。必以瑗者，臣賤不敢以手親君也。於文從□象臣手在前，君手在後。/者象瑗之形。瑗形圓，今作一者，正視爲○，側視爲一矣」。（永豐鄉人稾甲釋爰）今按此即九錫中納陛之塙解矣。得此而即安之說，已豪無疑義。再考說文𠬪部有𤔔字，徐鼎臣本云「已者物也」。不知已即○之譌。象兩人以瑗牽率之形。𤔔蓋□□之增槩文矣。後衍變孳乳而作爰，作瑗，作援，實則其形雖殊，而音義仍一貫爾。納陛之說於是耑又可以灼然見之矣。朱德潤吳大澂二氏古玉圖考中所收瑗類甚多。猶可籍以考見上陛相引之制。然率皆三代時物，知納陛之禮實行於三代。至漢氏，則殿堂下爲左墄右平之制，人主得乘輦上殿。納陛之廢也宜。故漢人於納陛之實，遂瞀然不能說矣。丙寅中秋。

嫦娥考

日神有羲和，月神有嫦娥，辭章家侈言之矣。羲和之得名，由於唐書堯典，夫人知之矣，若嫦娥之得名，則罕有能言之者，今試一攷其始，則嫦娥實即月神二字矣。按月神之名，初見于山海經，作常羲，（大荒西經帝俊妻常羲，生月十有二。）大戴禮作常儀，（詩大雅生民疏引帝繫篇曰，帝嚳下妃娵訾之女，曰常儀，生摯。）又作常宜，（禮記檀弓疏引帝繫篇曰，淮陬氏之女曰常宜。）淮南鴻烈與張衡靈憲作姮娥，（羿請無死之藥於西王母，其妻姮娥，竊之以奔月。）搜神記作嫦娥，羲儀宜娥古同聲，此稍治古聲理者所知。姮字不見於說文，意本只作恒，避漢文帝諱而改，亦恒山郡改常山郡之例也。恒字古止作亙，說文心部恒古文作𠄨，從古文月，木部亙古文㮓，案亙所從之舟為從月之譌，𠄨亙本一字也。甲骨中有[illegible]諸字，先師王先生釋為恒字，盼遂按，此即古月字也。篆文月字圓匡中有二筆，即此D上下之二，而移寘之耳。新月殘月，皆如掛弓，二者所以表弦，故詩小雅如月之恒，毛傳云恒弦也，實則恒即月也，如月之月，古人自有此複文，金文中不嬰敦之田十田，乙亥敦之玉十玉，同此例矣。亘字既明其為月，則亘娥為月娥無疑，月娥即月神矣。後亘字涉下文之娥遂增女旁，非其朔形然也。謂之娥者，仍古時以月為太陰之意耳。若唐瀧然輔行記引說文云，月名恒娥，亦名常娥，月初月末，常如娥眉，今檢許書無此文，瀧然特造此向壁鑿空之論，益證其迷於古訓是式也。

穆天子傳古文考

穆天子傳凡六卷，每一卷大題下空一行，書古文二字，其用意至今無解者。劉盼遂謂今本正書，乃當時諸校官所作之釋文，古文即斥竹簡上之科斗書也。當日寫定本爲兩兩對照，若法帖之旁綴釋文者然。後人不識科斗，以爲煩贅，徑將之刊落，而仍書古文二字當其隙，以存舊式，遂成今日之本矣。攷王隱晉書束晳傳云：『太康元年汲郡民不準發魏安釐王冢，得竹書漆字科斗之文，大凡七十五卷。有周穆王遊行五卷，說周穆王遊行天下之事，今謂之穆天子傳。詔荀勗和嶠以隸字寫之，勗等於時已不能盡識其書，今後闕落，又轉寫益誤。穆天子傳世間偏多。』左傳杜預後序正義引王隱晉書。荀勗穆天子傳序亦云：『雖其言不典，皆是古書，頗可觀覽。謹以二尺黃紙寫上，請事平，以本簡書及所新寫，並付祕書繕寫』。據以上二事，則晉人傳寫穆傳以簡書之古文與新寫之隸書合行，若宋汴學中二體石經之式可知。而當時學人，如束荀之博淹，尙不能遍識書中古文，故古文易於佚失，又從可知矣。然當日古隸並寫，亦非無所本。魏齊王芳正始時，立三體石經，實以古文爲主。蓋魏崇古文學，故勒古文經，而附以篆隸，取便仞識，是碑刻之自作釋文者，莫尙於此。晉寫穆天子傳之有古有隸，殆即師其意歟？惟魏石經今尙有隸續及出土殘石可略窺其髣髴，若穆傳則古文俄空，絕不可復覩，不其惜哉！今輒抒其鄙意，擬摹一行，以存虎賁中郎之舊。凡字必有來歷，不敢虛造點注，以招譏也。

飲天子蠲水之上戊寅天子北征

跋王先生西吳徐氏印譜序

丁卯之春，先生序徐懋齋印譜成，取以示盼遂。盼遂謹按先生此篇，亦本其戰國時秦用籀文六國用古文之說。立論之堅，引據之覈，益昭昭矣。世人或謂今存齊魯邾諸國鐘鼎文字，大異壁中古文，證知戰國秦及關東文字均大同小異，不宜有東土西土之分。又據康氏僞經考，謂壁中古文全出劉歆僞造。楊子雲之識古文奇字，即爲歆之所誤。立此二證以相非議。蓋未知春秋之際，周轍初東，五伯以尊周爲名，故爾時東西書勢尙屬同文，無大差隔。迨及分爲七國，上無天子，下無方伯。各安所習，言語異聲，文字異形。山東諸國遂遠離于宗周及春秋時之禮制，而形成所謂壁中書之古文。獨秦襲處周畿，不愆舊章。故其文字上同西周之世，與東土遂大相逕廷。此周室文字前後變遷之跡，釐然可知者。攷古者不尙論其世，逕據周初或春秋時魯文字，以校六國時之壁中書，謂爲不合。更何怪其举獄而不合矣。至於古文出劉歆僞造之說，章太炎劉申叔駁之詳矣，（劉氏駁太炎答問章氏春秋左傳讀叙錄）茲可無論。楊子雲年輩皆長于歆，且不常與歆往還。觀于子雲因方言答劉子駿書可知。使古文而出子駿，子雲豈肯承用其術。且歆實遣子棻從子雲學有奇字。（師古注即古文之異者）豈其家有彝鼎，而尚假外求者。此誠進退失據之論也。藉此旣久，因假印譜序後發之。

西吳徐氏印譜序　附

自許叔重序說文，以刻符摹印署書殳書與大小篆虫書隸書，並爲秦之八體，於是後世頗疑秦時刻符摹印等各自爲體，並大小篆虫書隸書而八，然大篆小篆虫書隸書者以言乎其體也，刻符摹印署書殳書者以言乎其用也，秦之署書不可考，而新郪陽陵二虎符字在大小篆之間，相邦呂不韋戈與秦公私諸璽文字皆同小篆。知刻符摹印署書殳書皆以其用言而不以其體言。猶周官太師之六詩，比賦興與風雅頌相錯綜，保氏之六書指事象形諸字皆足以供轉注假借之用者也，秦書如是，秦以前書亦何獨不然，三代文字，殷商有甲骨及彝器，宗及春秋諸國並有彝器傳世，獨戰國以後彝器傳世者唯有田齊二敦一簠及大梁上官諸鼎，寥寥不過數器，幸而任器之流傳乃比殷周爲富，近世所出如六周國兵器，數幾踰百，其餘若貨幣若璽印若陶器，其數乃以千計，而魏石經及說文解字所出之壁中古文，亦爲當時齊魯間書，此數種文字皆自相似，然並譌別簡率，上不合殷周古文，下不合小篆，不能以六書求之，而同時秦之文字則頗與之異，傳世秦器作於此時者，若大良造鞅銅量，（秦孝公十八年作）若大良造鞅戟，若新郪虎符，（秦昭王五十四年以後所作）若相邦呂不韋戈，（秦始皇五年作）石刻若詛楚文，（宋王厚之攷爲秦惠王後十二年作）皆秦未并天下時所作，其文字之什九與篆文同，其什一與籀文同，其去殷周古文較之六國文字爲近，余曩作史籀篇疏證序，謂戰國時秦用籀文六國用古文，即以此也，世人見六國文字上與殷周古文中與秦文下與小篆不合，遂疑近世出兵器陶器璽印貨幣諸文字，並自爲一體，與六國通行文字不同，又疑魏石經說文所出之壁中古文爲漢人僞作，此則惑之甚者也，夫兵器陶器璽印貨幣當時通行之器也，壁中書者當時書家通行之書也，通行之器與通行之書，固當以通行文字書之。且同時所作大梁上官諸鼎文體亦復如是，而此外更不見有他體，舍是數者，而別求六國之通行文字，多見其紛紛也，况秦之刻符摹印殳書並用通行文字，則何獨於六國而疑之，其上不合殷周古文，下不合秦篆者，時不同也，中不合秦文者，地不同也，其訛別草率，亦如北朝文字上與秦晉下與隋唐中與江左不同，其中璽印陶器可比北朝碑碣，兵器貨幣則幾於魏齊小銅造象之鑿款矣，若是者謂其書體之訛別也可，謂其非當時通行文字則不可，若謂之爲僞，則尤不可也，余謂欲治壁中古文，不當繩以殷周古文，而當於同時之兵器陶器璽印貨幣求之，惜此數種文字，世尚未有專攻之者，以余之不敏，又所見實物譜錄至爲狹陋，然就所見者言之，已足知此四種文字自爲一系，又與昔人所傳之壁中爲一系，姑以壁中古文之同於四者言之，如石經古文弟作𢎨，今上虞羅氏所藏斷劍有鍨𨬨字正從𢎨，朝作𣉻，而陳侯因資敦（齊威王作）之朝覲字子朝命鉩之朝字正並作𣉻，游作𨒙。古鉩有巠游鉩正作𨒙，逑作𢇍，亡𪊨鉩正作𢇍，上作𠄞，而上明上敬上信諸鉩正作𠄞，下作𠄟，而下官矛正作𠄟，信作𧦝，而辟夫夫信節作㐰，古鉩亦作㐰𠲿䚱諸體，又左司徒信鉩作𠔇，王減信鉩作𠔇，則與說文信之古文𠆣字相近，（信字本從言人聲，千字亦人聲，故亦得從千聲。）又率作𢁗，與十三年上官鼎同，陳作𨻰，與因資諸器及楚陳爰鉼金同，公作𠔁，與古鉩及陶器同，秦作𥡒，與秦匽鉩及𨛜秦鉩同，宰作𡩟，與宰公鉩同，丁作丁與丁盾鉩同，又說文正之古文作𤴓，剛之古文作𠞑，豆之古文作𣅃，續之古文作賡，五之古文作㐅，並與陶文同，又如事之作𠭥，侯之作矦，時之作峕，明之作朙，容之作㝐，吳之作𡗕，恒之作𠀚，封之作𡉚，禹之作𥜿，醬之作𤖅，並與鉨文同，而自作𦣹，爽作㸚，則陶文與鉨文並同，又量作𥂗，見於大梁鼎，戶作㦿見於吳縣潘氏所藏六國不知名銅器，其小異大同者，如說文古文中作𠁩而鉨文作𠁩，君作𠮞而鉨文作𠮞，後作𢓜而陶文作𢓜，共作𠬞而鉨文作𠬞，革作𠦍而鉨文作𠦍，丹作𠁿而鉨文及幣文並有𠁿字，企作𠆾而陶文有𠆾字，期作𠀇而陶文有𠀇字，鉨文有𠀇字，屋作𡱁，握作𡱁，而鉨文有𡱁字，履作𡳐，而鉨文有𡳐字，州作𡿧作，而鉨文有𡿧字，又如𥖤之古文爲𥖤，其文至爲奇詭，然孫渦鉨之渦作𣶒，牛閱鉨之閱作𨶹，如舄之爲𦾔，當時自有此作法也，以上所舉諸例，類不合於殷周古文及小篆，而與六國遺器文字則血脈相通，漢人傳寫之文與今日出土之器，猶若剖符之復合，謂非當日之通行文字，其誰信之，雖陶器鉨印貨幣文字止紀人地名，兵器文字亦有一定之文例，故不能以盡證壁中之書，而壁中簡策當時亦不無摩滅斷折，今之所存，亦不無漢人肊造之字，故不能盡合，然其合者固已如斯矣，然則兵器陶器鉨印貨幣四者，正今日研究六國文字惟一之材料，其爲重要，實與甲骨鼎彝同，而鉨印一類，其文字制度尤爲精整，其數亦較富，然當世譜錄不過上虞羅氏皖江黄氏錢唐陳氏數家，羅氏所藏屢聚屢散，黄氏物亡于胠篋，而陳氏之藏則歸於烏程徐君林齋，林齋復汰而益之。丙寅秋日，出其所爲新譜索序於余，余讀而歎其精善，如上所舉證容媿碣諸古文，並出此譜，林齋之於古器物古文字學，可謂知所先務矣，余近於六國文字及鉨印之學，頗有所論述，因書以弁其首，世之治文字學者以覽觀焉。

三十四

古小學書輯佚表

一　訓詁類

犍爲文學爾雅注　隋書經籍志爾雅犍爲文學注三卷

王氏謨輯一卷入漢魏遺書鈔　馬氏國翰輯三卷入玉函山房輯佚書經編

黃氏奭輯一卷入漢學堂叢書

爾雅劉歆注　隋書經籍志劉歆爾雅注三卷

馬氏輯一卷　黃氏輯一卷坿李巡書後

爾雅樊光注　隋書經籍志爾雅樊光注三卷唐志及經典釋文叙錄作六卷

馬氏輯一卷　黃氏輯一卷

爾雅李巡注　隋書經籍志中黃門李巡爾雅注三卷

馬氏輯三卷　黃氏輯一卷

爾雅孫炎注　隋書經籍志爾雅孫炎注七卷唐志作六卷釋文序錄作三卷

馬氏輯三卷　黄氏輯一卷　吳氏騫孫氏爾雅正義拾遺一卷刻入拜經樓叢書

爾雅孫炎音　隋書經籍志梁有爾雅音二卷孫炎郭璞撰

馬氏輯一卷　黄氏與注合一卷

爾雅郭注佚存訂補

王氏樹枏輯二十卷刻入陶廬叢刊

爾雅郭璞音義　唐書藝文志郭璞爾雅音義一卷

馬氏輯一卷　黄氏輯一卷

爾雅郭璞圖贊　隋書經籍志梁有爾雅圖贊二卷郭璞撰

王氏謨輯一卷　馬氏輯一卷　黄氏輯一卷　嚴氏可均輯一卷收入四錄堂類集及全晉文

爾雅沈旋集注　隋書經籍志沈旋爾雅集注十卷

馬氏輯一卷　黃氏輯一卷

爾雅施乾音　經典釋文敘錄

馬氏輯一卷　黃氏輯一卷

爾雅顧野王音　經典釋文敘錄

馬氏輯一卷　黃氏輯一卷

爾雅謝嶠音　經典釋文敘錄

馬氏輯一卷　黃氏輯一卷

爾雅裴瑜注　宋史藝文志有裴瑜爾雅注五卷音一卷

馬氏輯一卷　黃氏輯三條附入衆家注中　嚴氏輯爾雅一切注音十卷

黃氏輯衆家注二卷

江灌爾雅圖贊　唐書藝文志六卷

曾氏燠影宋本爾雅圖四卷謂圖疑出唐人江德源手也

毋昭裔爾雅音略　文獻通考三卷

曾氏燠影宋本爾雅圖四卷經文有音訂爲毋昭氏之書

孫炎爾雅疏　宋史藝文志十卷

吳氏騫輯一卷名孫氏爾雅正義

廣雅佚文

王氏念孫補輯四百九十一則羼入廣雅疏證　盼遂又得廿餘則尚待寫定

方言要目

按此書不見諸家書目無可稽日本倭名類聚抄引數條盼遂錄出收入小學

鉤沈三編

韋昭辨釋名　隋書經籍志辨釋名一卷韋昭撰

任氏大椿輯一卷刻入小學鉤沈　馬氏輯一卷　黃氏一卷　黃氏以周輯

一卷坿禮書通故官制通故後

服虔通俗文　隋書經籍志通俗文一卷服虔撰

任氏輯一卷　馬氏輯一卷　黄氏輯一卷　顧氏震福輯一卷刻入小學鉤
沈續編

李虔續通俗文　唐書藝文志續通俗文二卷李虔撰

黄氏輯一卷坿入小學卷中

王隆漢官解詁　隋書經籍志漢官解詁三篇漢新汲令王隆撰

孫氏星衍輯一卷刻入平津館叢書　黄氏輯一卷刻入漢學堂經解職官類

胡廣漢官解詁註　隋書經籍志漢官解詁下注云胡廣注

孫氏與漢官解詁合輯爲一卷

張揖古今字詁　隋書經籍志古今字詁三卷張揖撰　唐志作古今字訓

陳氏鱣輯一卷編入小學拾存　任氏輯一卷　馬氏輯一卷　黄氏輯一卷

張揖雜字　唐書藝文志雜字一卷張揖撰隋志作難字

任氏輯一卷　馬氏輯一卷　顧氏撰一卷

周成雜字解詁　隋書經籍志雜字解詁四卷魏掖庭右丞周成撰

任氏輯一卷　馬氏輯一卷　顧氏輯一卷

按任顧皆以雜字解詁屬張揖以雜字屬周成又後玄應雜字作難字似不及馬說之長今從馬

宋世良字略　北史本傳撰字略五篇

任氏輯一卷　顧氏輯一卷　黄氏輯一卷

顏延之詁幼　隋書經籍志自注梁有顏延之詁幼二卷

馬氏輯一卷入玉函山房輯佚書補遺中　黄氏輯附入小學卷作幼詁

二　文字類

史籀篇　漢書藝文志史籀十五篇

馬氏輯八卷　王靜安師著史籀篇疏證一卷刻入廣倉學窘叢書中又入王忠慤公遺書第一集

八體六技　漢書藝文志八體六技

馬氏輯一卷　有目無書　韓氏學涑著有秦書八體原委可藉見一班

李斯倉頡篇　漢書藝文志倉頡篇上七章秦丞相李斯作

趙高爰歷篇　漢書藝文志爰歷六章趙高作

胡母敬博學篇　漢書藝文志博學七章胡母敬作

以上三書總稱三蒼或統稱蒼頡

孫氏輯二卷　單刻篆文本　孫氏重輯三卷刻入岱南閣叢書　陳氏鱣校補一卷　任氏輯二卷　任氏兆麟蒼頡篇補正二卷三蒼補正二卷附刊有竹居士集後　陸氏堯春倉頡篇佚文一首見阮氏編詁經精舍文集二卷中

程氏廷獻輯倉頡佚文不分卷　張鑑楓溪程君祔墓記云復感發輯倉頡字

林尤備覩孫任兩家不啻有積薪之歎焉　馬氏輯一卷　黃氏輯一卷　梁氏章鉅著倉頡篇校證二卷補遺一卷蘇州坊本單行　陶氏方琦補本二卷刻入漢學室遺書　陳氏其榮增訂倉頡篇三卷觀自得齋叢書本　王氏仁俊倉頡篇輯補校證三卷自刻本　曹氏元忠著倉頡篇補本續一卷刻入南菁札記　羅氏振玉得敦煌石室中倉頡篇殘簡四十一字印入流沙墜簡攷釋及廣倉學宭叢書中　顧氏輯一卷　諸氏可寶編倉頡篇續本一卷蘇州坊本單行　龔氏道耕倉頡篇補本續一卷自刊本　姬氏覺彌重輯倉頡篇二卷由倉聖　明智大學印行蓋由王靜安師代筆

司馬相如凡將篇　漢書藝文志凡將一篇司馬相如作

任氏輯一卷　馬氏輯一卷　黃氏輯一卷　顧氏輯一卷

揚雄訓纂篇　漢志訓纂一篇揚雄作

馬氏輯一卷　鄭氏文焯輯揚雄說故一卷大鶴山房全書本

揚雄倉頡訓纂　漢志揚雄倉頡訓纂一篇

馬氏輯與訓纂混爲一卷，王靜安師跋馬輯本後曰，案此卷所集，除首尾二條，皆子雲蒼頡訓纂語，非訓纂也，蒼頡訓纂與訓纂非一書，觀漢志甚明，訓纂篇者續蒼頡之書，蒼頡訓纂則注蒼頡之書也，盼遂按先師手校玉函山房輯佚書小學類考訂甚多，今藏百鶴樓。

杜林倉頡訓詁　漢志杜林倉頡訓纂一篇

任氏輯一卷　馬氏輯一卷

蒼頡解詁　漢志杜林倉頡故一篇

任氏輯一卷　顧氏輯一卷

三蒼　隋志合蒼頡篇訓纂篇滂喜篇三書爲三蒼

任氏輯一卷　馬氏合下二種爲一卷　顧氏輯一卷

張揖三蒼訓詁　唐書藝文志三倉訓詁三卷張揖撰

王靜安師跋馬國翰輯杜林蒼頡訓詁曰，所引蒼頡訓詁皆張稚讓書，非杜伯山書，盼遂按據師說宜將馬輯杜氏倉頡訓詁逐入三蒼訓詁卷中，即可。

任氏輯一卷

郭璞三蒼解詁　隋志三蒼解詁三卷郭璞撰

任氏輯一卷　顧氏輯一卷

張揖埤倉　隋志埤蒼三卷

陳氏續輯二卷　任氏輯一卷　黃氏輯一卷　馬氏輯一卷

樊恭廣倉　隋志梁有廣倉二卷樊恭撰唐志一卷

陳氏輯一卷　馬氏輯一卷

玉匧　日本狩谷望之倭名類聚抄箋一云玉匧無考

盼遂輯一卷

庾儼默演說文　隋志梁有演說文一卷庾儼默注

馬氏輯一卷　盼遂輯一卷

說文逸文考

杭州府志楊文杰著一卷

說文逸字

鄭珍輯一卷刻入天壤閣叢書

說文逸字坿錄

鄭知同著有原刊本

說文逸字考四卷

張鳴珂著寒松閣刊本　字林說郛本

說文解字補逸

黃以周著見藥銘說文書目

說文逸字辨正

李楨著有原刊本

說文逸字輯補

王廷鼎著刻入小學類編

無名氏說文音隱　隋志無名氏說文音隱四卷

畢氏沅輯說文舊音一卷刻入經訓堂叢書　胡氏玉縉輯說文舊音補注一卷補遺一卷續一卷，刻入南菁書院叢書四集，按所輯蓋出音隱，特未質言之耳，其輯而未刻者，有臧鏞堂說文舊音一卷，（見葉銘說文書目引）陳其榮說文舊音一卷，（見國朝未刊遺書志略引）

蔡邕勸學篇　隋志勸學一卷蔡邕著唐志作勸學篇

任氏輯一卷　馬氏輯一卷　黃氏輯一卷

蔡邕聖皇篇　隋志注梁有蔡邕聖皇篇一卷

任氏輯一卷　黄氏輯入小學卷中

蔡邕女史篇　隋志梁注有蔡邕女史篇一卷

馬氏輯一卷有目無書

衞宏古文官書　隋志古文官書一卷唐志作詔定古文字書一卷

任氏輯一卷　馬氏輯一卷　顧氏輯一卷　費氏庭璜重輯古文官書一卷

刻入南菁札記

郭顯卿古文奇字　隋志古文字一卷郭顯卿撰

任氏輯一卷　黄氏輯入小學篇中

郭顯卿雜字指　隋志雜字指一卷唐志作字旨篇一卷

任氏輯一卷　馬氏輯一卷　黄氏輯入小學卷中

李彤字指　隋志字指二卷晋朝議大夫李彤撰

任氏輯一卷　馬氏輯一卷　黄氏輯一卷　顧氏輯一卷

索靖草書狀　晉書本傳

　馬氏輯一卷

李彤單行字　隋志注梁有李彤單行字四卷

　馬氏輯坿入字指後

朱育異字　隋志異字二卷朱育撰亡

　馬氏輯一卷

項竣始學篇　隋志始學十一卷吳郎中項竣撰

　馬氏輯一卷

葛洪要用字苑　唐志要用字苑一卷葛洪撰

　任氏輯一卷　顧氏輯一卷皆只名字苑　馬氏輯一卷

字統　隋志字統二十一卷楊承慶撰

　任氏輯一卷　馬氏輯一卷　黃氏輯一卷　顧氏輯一卷

異字苑

任氏輯一卷　馬氏輯一卷　黄氏輯入小學卷中

四聲字苑

盼遂輯一卷

王義小學篇　隋志晋下邳內史王義小學篇一卷

馬氏輯一卷有目無書　任氏輯一卷　黄氏輯入小學卷中

盼遂按隋志，下邳內史王義，當是臨川內史王羲之之誤，魏收魏書元順傳云，順初學王羲之小學篇數千言，又顏氏家訓書證篇云「軍陳之陳惟王羲之小學章獨車傍作阜。」皆不作義可證。傳世淳化閣帖右軍法帖中，俗體特多。往往不講偏傍，乖於六書。張守節史記正義論字例云，鍾王等家，以能爲法。致令楷文改度，非復一端。咸著秘書，傳之歷代。韓文公石鼓歌云「羲之俗書趁姿媚」。皆足以略摹右軍小學章匡剌之梗概。又按郭氏佩觿序亦云，「軍陳爲陣，始於逸少」。自注云，「小學章」。則小學章爲王羲之所作益明。自隋志誤爲王羲，盧文弨並欲據之以改家訓，眞可謂倒施矣。

束晳發蒙記　隋志發蒙記一卷晉著作郎束晳撰

　馬氏輯一卷

顧愷之啓蒙記　隋志啓蒙二卷顧愷之撰

　馬氏輯一卷

呂忱字林　隋志晉志弦令呂忱字林七卷

　任氏輯八卷　程廷獻輯本詳上文蒼頡篇下　陶氏方琦補輯一卷刻入漢孳室遺書　友人唐立庵重輯八卷稿本未寫定

陸善經新字林　小學考云五卷佚

　任氏輯坿字林各部後　黃氏輯一卷

陸機纂要　不見於隋唐志

　盼遂輯一卷

戴逵纂要　隋志纂要一卷戴安道撰

　盼遂輯一卷

何承天纂文　隋志梁有纂文三卷亡

　任氏輯一卷　馬氏輯一卷　顧氏輯一卷

顏延之纂要　唐志顏延之纂要六卷

　任氏輯一卷　馬氏輯一卷　顧氏輯一卷　曹氏元忠輯坿梁元帝纂要後

梁元帝纂要　不見於隋唐志

　馬氏輯一卷　曹氏元忠輯一卷刻入南菁札記

顏延之庭誥　不見於隋唐志

　馬氏輯一卷

阮孝緒文字集略　隋志文字集略六卷阮孝緒撰唐志作一卷

任氏輯一卷　馬氏輯一卷　黃氏輯一卷　顧氏輯一卷

彭立文字辨嫌　隋志文字辨嫌一卷彭立撰

黃氏輯入小學卷內

梁武帝千字文注　不見於隋志

盼遂輯一卷

無名氏字書　隋志字書三卷

陳氏鱣輯二卷編入小學拾存　任氏輯一卷　顧氏輯一卷　黃氏輯一卷

曹憲文字指歸　唐志文字指歸曹憲撰

任氏輯一卷　顧氏輯一卷　馬氏輯一卷

諸葛潁桂苑珠叢　唐志桂苑珠叢一百卷諸葛潁撰

馬氏輯一卷　黃氏輯一卷　曹氏元忠輯一卷考訂爲曹憲所修刻入南菁

札記

桂苑珠叢抄　唐志桂苑珠叢略要二十卷

盼遂輯一卷今訂爲唐志桂苑珠叢略要之別名

義雲章

馬氏輯一卷有目無書

李商隱字略

馬氏輯一卷有目無書

顧野王玉篇　隋志顧野王玉篇三十卷

黎氏庶昌以日本唐寫本殘卷刻入古逸叢書　羅氏振玉又加補葺影印單行注文較今多數倍　近日本又印卷子本，別加卷八卷十九卷二十二。

玉篇佚文

家弟銘恕輯一卷　友人葛天民更從倭名類聚鈔，慧琳一切經音義，萬象名義集，醫心方，弘決輔行記，弘決外典鈔，新撰字鏡，古文舊書考等書輯爲三卷。

顏師古字樣　中興書目顏師古字樣一卷

黃氏輯一卷　汪氏黎慶輯一卷刻入小學叢殘四種

唐玄宗開元文字音義　唐志開元文字音義三十卷

馬氏輯一卷有目無書　黃氏輯一卷　汪氏輯一卷

王安石字說　宋史藝文志字說二十四卷王安石撰

家弟銘恕輯一卷刋于國立師範大學學報

顏之推訓俗文字略　不見於各志

馬氏輯一卷有目無書

無名氏證俗文　不見於各志

任氏輯一卷

無名氏字類　不見於各志

任氏輯一卷　黄氏輯入小學卷　顧氏輯一卷

無名氏字諟　不見於各志

任氏輯一卷　顧氏輯一卷　黄氏輯入小學卷

無名氏字體

任氏輯一卷　顧氏輯一卷

無名氏字譜

黄氏輯入小學卷

無名氏字說

黄氏輯入小學卷

釋遠年兼名苑　新唐書藝文志釋遠年兼名苑二十卷

盼遂輯一卷

無名氏兼名苑注

盼遂輯一卷

三　聲韻類

李登聲類　隋志聲類十卷李登撰

陳氏鱣輯一卷　任氏輯一卷　馬氏輯一卷　黄氏輯一卷　顧氏輯一卷

呂靜韻集　隋志韻集六卷晉安復令呂靜撰

陳氏鱣輯一卷　任氏輯一卷　馬氏輯一卷　顧氏輯一卷

證俗音

任氏輯一卷　顧氏輯一卷

古今字音

任氏輯一卷　黄氏輯入小學卷中

異字音

任氏輯一卷　黃氏輯入小學卷中

無名氏韵海

　黃氏輯入小學卷中

無名氏韵圃

　黃氏輯入小學卷中

李槩音譜　隋志音譜一卷李槩撰

　任氏輯一卷　馬氏輯一卷　黃氏輯一卷　顧氏輯一卷

無名氏聲譜

　任氏輯一卷　黃氏輯坿音譜後　顧氏輯一卷

張諒四聲韵林　隋志四聲韵林二十八卷張諒撰

　黃氏輯坿入小學卷中

陽休之韵略　隋志韵略一卷陽休之撰

任氏輯一卷　馬氏輯一卷　黃氏輯一卷　顧氏輯一卷

沈約四聲　隋志四聲一卷沈約撰

紀氏昀輯沈氏四聲攷二卷刻入畿輔叢書

陸法言切韵　鄭樵通志藝文略云五卷

任氏輯一卷　顧氏輯一卷　敦煌石室出切韵殘編三種，由王靜安師影寫付印，其第一種即切韵原本也，日本大谷氏著西域攷古圖譜載原本切韵二殘片。

長孫訥言切韵箋注　鄭樵通志藝文略云五卷

敦煌三種本其二三兩種即長孫氏書

孫愐唐韵　通志藝文略云五卷

紀氏容舒輯唐韵攷五卷刻入守山閣叢書　錢氏恂重定唐韵攷五卷刻入畿輔叢書　定興郭昭文女士質之再定紀錢之書甚精臧稿待刊　黃氏輯

二卷　王靜安師輯唐韵佚文一卷　盼遂別輯叙目一卷　蔣氏黼印傳世吳采鸞寫本入國粹叢書　敦煌出土唐刊本唐韵，藏巴黎圖書舘，盼遂有影印本。

武玄之韵銓　唐志武玄韵銓十五卷

汪氏輯一卷

陳王友元廷堅韵英　南部新書陳友元廷堅撰韵英十卷，案王靜安師據太平廣記引謂是陳王之友姓元名廷堅也，今從之。

汪氏輯一卷

顏眞卿韵海鏡源　封氏聞見記顏眞卿撰韵海鏡源三百卷

黃氏輯一卷

李舟切韵　唐志李舟切韵五卷

黃氏輯一卷　顧氏輯一卷

薛峋切韻　唐韻敘錄有薛峋增加字　日本見在書目薛峋切韻五卷

盼遂輯一卷

王存乂切韻　日本見在書目王存藝切韻五卷藝乂聲通字

盼遂輯一卷

義雲切韻　汗簡及古文四聲韻首載所用書有義雲切韻

盼遂輯一卷

釋氏切韻　日本見在書目釋弘演切韻十卷

盼遂輯一卷

郭知玄切韻　日本見在書目郭知玄切韻五卷

顧氏輯一卷

張戩考聲切韻　慧琳一切經音義序引

顧氏輯一卷　顧氏別有考聲切韻纂要五卷刻入函雅故齋叢書

王仁煦刋繆補缺切韵　日本見在書目王仁煦切韵五卷

顧氏輯一卷　羅氏振玉覆清故宮藏王氏切韵石印單行，惟書中朱筆未能入版，聞故宮博物院復以珂羅板套印。今尚未見。

祝尙丘切韵　日本見在書目祝尙丘切韵五卷

顧氏輯一卷

裴務齊切韵　日本見在書目裴務齊切韵五卷

顧氏輯一卷　按王仁煦切韵結銜名下，有承奉郞行江夏縣主簿裴務齊正字一行，是裴與仁煦同修刋繆補缺切韵，則裴韵當與王韵相近。

麻果切韵　日本見在書目麻果切韵五卷

顧氏輯一卷

李審言切韵　郭忠恕佩觿首列李審言切韵

顧氏輯一卷

蔣魴切韵　日本見在書目蔣魴切韵五卷

顧氏輯一卷

廣韵佚字

口口輯一卷刋入北京大學國故雜志未完

坿例：凡正目旁有規識者皆小學考所未著錄

文字音韻學論叢卷二

說文重文疏敍

息縣劉盼遂著

有清一代，說文之學盛矣，而研治重文之作則甚寡。惟錢氏侗有說文重文小篆二卷，曾氏紀澤有說文重文本部攷一卷，又皆簡率漶漫，未能迥見大原。餘若俞正燮諸人，亦時有理董，然皆短簡無成書，要之不逃本部異部兩端而已也。本部者據玉篇廣韵汗簡等書，以訂古籀或體之訛奪；異部者比類各部音義同符之字，推爲一字，而訂許君之誤分。凡此者王氏釋例『本部重文』『異部重文』二篇，及章氏文始，其最著者矣。盼遂則謂諸家之書，于重文之本，尚芒乎未之悟也。昔保氏敎國子以六書，而說文止四焉。象形，指事，形聲，會意彰矣，而轉注叚借闕如。許君自叙則又備列六端。又劉子駿作七略謂六書者造字之本，說文者所以推迹造字之本，自不得有所闕遺。竊意說文于叚借轉注二事，即寓諸重文中矣。形聲之聲必有義，此人所易知也，而聲往往有假借，是必待于重文之聲而取證焉，而叚借之義始明。轉注者循共聲同意之條，由一字而孳乳爲數字者也。正篆之明轉注者難億必，若進而準諸重文之變，則塙然示人簡矣。此重文之用，前者足以明叚借，後者足以明轉注。故今最取說文重文千一百六十三言，蕝葥爲三部：曰重形字，佹譎支離，難辨其所受者，如工之有𢒄，一之有弌，是也。曰重義字，凡一字函義，類具數端，形骸有限難于全載，逞逞僅示其一端而已。後人有作，取他一耑，而別爲一字，支派雖稍殊，其本原則非異也。所謂轉注，誠應如是。重文中若此者凡四五百事，此轉注之最可見者。如瑱之重文作𦖞，瑱爲玉器，故字从玉；瑱以充耳，故字亦可从耳。攷其朔始，應直作眞，非瑱先而𦖞後，並非𦖞正而瑱俗也。緆之重文作𪎭，緆作以絲，則字从糸，𪎭作以麻，則字从厤可也。攷其朔始，徒有易字，非緆先而緆後，緆正而緆俗也。此類字幸許君尚未昧其源流，故得尌見。不然，則必寘聜于耳部，而別爲字；寘緆于厤部，而別爲字，如王貫三所臚異部之重文者然。故由此可以覩轉注之塙諦矣。曰重聲字。昔人治重文之重聲，其志將以證某某之聲部相通，爲古韵之毘佐而已。重聲之全體大用，實沈沈而莫之覩也。今既明其有功于叚借，其徑涂奈何？如鬃之重文作祊，从方，方爲先祖方羊之意，知彭以同音而借爲方也。跀之重文作𧿳，从兀，兀爲足斬禿兀之意，知月以同音而借爲兀也。本此義以明叚借，殆絲簷難游疑矣！於許書中求叚借，此最其塙解，而前人皆未之知也。由此以觀，則重文之于六書，其關係詎不重哉！今茲之作，于重形字證以魏正始石經之古文，六國時齊魯諸國之傳世印璽，晉人所謂蝌蚪文者。王靜安師史籀篇疏證中所闡獲者亦加以干流，其甲骨鼎彝之文，去說文古籀之體絕遠，不敢攀援，以矜博奥。至若重義重形二篇，志在甄明古初之轉注叚借二事，凡此類者，皆箋記精要。其迷陽難索本字者，亦備列其字，而疏語姑闕，以待弘達云爾。

上黃季剛師論說文重文書

前者辱臨敝校講說文形聲字。盼遂謬膺書記，得參微言。講中樹形聲字聲皆有義，及聲有正叚二義，湊入單微，塙不可拔。時吳槻齋先生在坐，以爲足發史皇之覆，非阿好也。盼遂年來箸說文重文疏三卷，曰重形篇，曰重義篇，曰重聲篇。其形義說，今不具陳；重聲之說，則謂取重文之聲與篆文之聲兩相斠量，可以斷某聲之爲正爲假，其百思而不能解者，亦必篆文與重文之聲皆屬叚借，而正字俄空焉爾，非其本無正字也。說文斷無無緣而得聲者，如示部鬃重文作祊，方即方皇之方，後衍爲徬，則祊正而鬃叚。禂重文爲𩦢，𠷎即壽之渻，則𩦢正而禂叚。此篆文叚而重文正之例也。又如璊重文作玧，玫从㒼之字樠䅋䊟等，皆有赤意，而允則無取，徒存其聲，知璊正而玧叚。芰重文作茤，支爲支離，與蔆從夌同意，而多則無取，徒寄其聲，知荾正而麥叚。此重文叚而篆文正之例也。又如球之重文璆，玭之重文璸，（用段先生說）琨之重文瑻，蕤之重文蕨，而求麥此差昆貫僉斂諸文，各與本義迄難契符，此則篆文重文同屬叚字，而正字湮沒之例也。循此術以干流，凡得五六百文，析爲三科，每字略加疏證。溯重文之音符，識造字之本原，私已沾沾自喜矣。比聆師論，信仰彌堅。又疑叔重造說文，亦弟就當世通用者錄入。其稍生僻者則附見，未暇詳校其孳乳之後前，聲義之正叚也。如緐借字，祊正字，宜祊先而緐附；乃許君以緐爲篆文，以祊爲重文。瑁借字，玥正字，宜先玥而附瑁；乃以瑁爲篆文，以玥爲重文。則姬可知矣。然幸許君尚留此誤舉于簡，以供來者之考索，使爾時不附祊玥于篆文之下，則後人于彭何以表先人之方皇，（即徬徨之初文）冒何以表天子執玉之冒圭，（冒乃日之借）二義恐思至沈痾不得也。即此以程，則夫子所謂不得聲之不乃㠯之借字；盼遂則謂惡知丕之正篆古不有作阜之字乎？祿得聲之彔爲鹿之借字，盼遂則謂惡知祿之正篆古不有作禨之字乎？特在許君之前已放失爾，或亦許君以世所罕習，因委而去之耳。畜此二義，已淹歲月，天寒道遠，未能面質，不啻夫子以謂有當古義之萬一否？佇竢明誨，致殷殷也。頃悉夫子有補釋大三篇。欲請賜覽，布之當世。黨亦振末學之昧蒙，揚蒼雅之絕業也。

七十

轉注甄微

研小學者如積薪，後來者居上，非其知優越也，用也弘則其取也精矣。六書之中有轉注，許君定其義曰：『建類一首，同意相受，考老是也』。治六書者數百千家，精者亦數十種。洪亮吉著六書轉注錄曹仁虎著轉注古義考幾搜聚數十家之說而要以戴氏東原章氏太炎爲之甲。惟戴氏以互訓爲轉注，章氏駁之衆矣。詳轉注叚借說章氏則曰：『字者孳乳而寖多，字之未造語言先之矣。以文字代語言，各循其聲，方語有殊，名義一也，其音或雙聲收轉，疊均相迆，則爲更制一字。此所謂轉注也』。因更舉芓麻母也，萁芓也，蕾蓄也諸事，以相證左，反覆申說，盛水弗漏，謂之卓越今古，宜也。然盼遂嘗試按之，章氏殆蔽于同訓之說，未能滌除玄覽，得其環中。夫轉注之理，豈特一端而已，竊意於章氏所甄明之外，尚有二涂可說。

一右文之說，

今姑即以从戔之字說之：

从戔之字多有小意，如諓（小善言也）殘（賊也）箋（表識書也）虥（虎竊毛謂之虥）賤（賈少也）帴（淺也）淺（不深也）綫（縷也）錢（銚也）字皆从戔，而訓俱小意。故知戔爲所共之義類與聲原。凡訓小之字，其初惟以戔字爲之也。緣考文之聲主分別以明民，於是注言于戔而爲諓，以爲小善言之專字。注歺于戔而爲殘，以爲殘賊之專字。注竹于戔而爲箋，以爲表識書之專字。注虎于戔而爲虥，以爲處竊（淺也）毛之專字。注貝于戔而爲賤，以成賈少之專字。注巾于戔而爲帴，以爲帬帗之專字。注人于戔而爲俴，以爲淺人之專字。注水于戔而爲淺，以成水不深之專字。注糸于戔而爲綫，以成綫縷之專字。注金于戔而爲錢，以成錢銚之專字。故知戔之一文實函一切淺小之義，古之人于凡淺小之物，統以戔之一語命之矣。後世庶業綦繁，滋僞萌生。懼其無別，則更注偏傍以識別之。於是言也，歺也，竹也，虎也，貝也，巾也，人也，水也，糸也，金也，因舉而附益之矣。夫諓殘箋虥賤帴俴淺綫錢諸字，同从戔以爲本文。許君所謂建類一首者是矣。戔者小也。寖假而有小善言之意，則受之以言傍。寖假而有殘碎之意，則受之以歺傍。寖假而有書識之意，則受之以竹傍。寖假而有虎竊毛之意，則受之以虎傍。寖假而有貨少之意，則受之以貝傍，寖假而有帬帗之意，則受之以巾傍。寖假而有淺人之意，則受之以人傍。寖假而有水不深之意，則受之以水傍。寖假而有絲縷之意，則受之以糸傍。寖假而有錢銚之意，則受之以金傍。就本字之函有多意，即各依其意而予以偏傍。期其明晝，雜而不越。許君所謂同意相受者又若是矣。保氏所職之轉注，攷其素初，殆應如是。後世諸多回穴之說，恐未然矣。

古人質簡，文多不越千名。故每名函意甚廣，或乃至數十百事。後王則各即一耑別爲之字。即所謂孳乳而浸多，後人所例爲會意形聲字，均應屬此。所謂轉注是矣。猶之子女皆禀父母气骨而生。然比其長成，則皆異宮別籍，自爲一家矣。亦爲本文所函之意，泆越初局，不別制字，仍行本文，如能來西韋等文是。能函有賢能之意，於文宜加人傍作能。來函有行來之意，於文宜加辵傍作逨。西函有東之對方之意，於文宜放東字加日而作晒。韋函有皮革之意，於文宜加皮或革傍而作鞁韡。今皆不者，世人遂名能來西韋等字爲假借；實則賢能之於能獸，行來之于來麰，東西之于鳥西，皮韋之于枉韋，自爲本字所引申孳生之意，爲本字所應有，於叚借初無與也。然則欲擿古初之叚借，蓋舍造字之取音一途，誠莫能從事矣。事與轉注相關，故及之。詳予所著說文重辭篇

二重文之說，

凡一字函義，類具數端。形骸有限，難于徧載，往往僅示其一義而已。後人有作，每取其他一端而別爲一字，支派雖稍殊，其本原則非異也。所謂轉注，誠應如是。重文中若此類者，無慮四五百事。此轉注之最可見者，如

瑱重文作⿰耳眞，瑱爲玉制，故字从玉，⿰耳眞以充耳，故字亦可从耳，攷其朔始，直應作眞，非瑱先而⿰耳眞後，亦非⿰耳眞正而瑱俗也。緆之重文作⿸麻易，緆作以絲，則字从糸，⿸麻易作以麻，則字从麻可也，考其朔始，徒有易字，非緆先而⿸麻易後，亦非⿸麻易正而緆俗也。（禮經多假錫爲緆，鄭衆注周禮司服云，錫，麻之滑易者。則緆正由易字出也。）此類字猶幸許君尙未眯其遠流，故得并見。不然，則必寘⿰耳眞于耳部，而別爲从耳眞聲之字，寘⿸麻易于麻部，而別爲从麻易聲之字，致後之考文者，訂之爲同聲類同語基同義旨之轉注字，如王筠說文釋例所臚之異部重文，章太炎文始所謂音義相讎之變易字矣。故由重文中同聲異形之字，殆可得轉注之塙解，而從來學者莫之知也。茲再略舉重文數字演之，以暢吾說。

說文艸部芬重文作⿱屮分。按說解云艸初生，其香分布也。則芬之形義實演于分，从艸从屮，皆後出之轉注字矣。

說文士部壻重文或作婿。按胥爲有才智之稱，故取以名夫，猶之言倩，倩亦才美也。故从士从女，皆後出之轉注字矣。

說文口部咳小兒笑也。重文古文作孩，按據笑言則从口，據兒言則从子。揆其朔義，則惟作亥。亥字說解云，像裹子咳咳之形，亥而復子，復從一起。是亥有小兒之義，咳孩並轉注矣。

說文力部勈气也，重文作㦷作恿。按勇之爲言用也。義見春秋內外傳，則勇之本字爲用。據气力言則作勈，據兵戎言則作㦷，據心力言則作恿，皆轉注字矣。

說文木部槃承槃也。古文从金作鎜，籀文从皿作盤。按古銅器槃皆作般，則此以木制者作槃，金制者作鎜，瓦制者作盤，皆般之轉注字矣。

重文中若此者，遽數之不能終其物，儻能條分而件繫之，申明其建類受義之源，則轉注之義可明。亦小學上一大事業也。

由埤雅右文證叚借古義

宋沈存中夢溪筆談記王子韶說字右文之事，曰：『王聖美治字學，演其義以爲右文。古之字書皆以左文，凡字其類在左，其義在右，如水之類，其左皆从水，所謂右文者，如戔小也，水之小者曰淺，金之小者曰錢，歹之小者曰殘，貝之小者曰賤，如此之類，皆以戔爲義也，』卷十抑按考此事，則始發明于王荆公。如坡者土之皮也，蔍草之庶生也諸事。以及時人戲謔之語，若滑爲水骨，尸鳩公拊及七子爲九鳥各語，皆雜見楊龜山集所引字說及兩宋人筆語短書中。迨後荆公之徒，陸佃農師作埤雅，推迹草木蟲魚受聲之原，因音生訓，益暢荆公之指。而荆公所造字說，亦隊璣遺球散見其間。今籀錄其說之關形聲者若干則，俾參詳焉。如鯉里也。卷三鯉條下，鯉三十六鱗，雖無變有理焉，理者里也。魴今之鯿，魴方也，鯿扁也。鰋魚常偃，故从偃省。以上卷一鱒制字从尊。魦今吹沙小魚。鰷魚形狹而長若條然。鯽又名鮒，以相即也謂之鯽，以相附也謂之鮒。鱮性旅行，制字从與。鱅庸魚也，故字从庸。鰌性酋健，制字从酋。卵生眉交，故謂之鮫，亦鮫交首尾束物焉，故謂之鮫也。漆見懈而輒解，故名曰蠏。（以上卷二）貍臍之香來射，故其文从射。羣鹿視麈尾所轉爲準，於文主鹿爲麈。麞如小鹿而美，故从章，章美也。麕性善聚善散，故从囷，獺字从賴，謂多賴故不使超揚。豺从才與此同意。豹食廉有所程度，其字从勺。（以上卷三）貍豸在里者，里人所居也。狼獸之有才智者，故从良作也。狐之搏物以虛孤，字从孤省也。鼠善害苗，而貓能捕鼠，去苗之害，故字从苗。麋之字从鹿从米，以麋善迷故也。猱尾柔長可藉，故制字从柔。猴善候，其字从侯。貘皮爲坐毯臥縟，則消膜外之气，字从膜省蓋以此也。貂或凋之，毛自召也。猨長臂善攀援，故其字从援省。（以上卷四）羜未成羊也，故从宁，宁待也。羝性好觝突，故从抵省，昔以抵者，以抵其角然後能低突故也，麢獨棲其角木上，是所霝，夫其如此；亦所以遠害，其需也亦所以爲靈也。狗从苟，韓子曰，蠅營狗苟，故從苟也，紆善守，其字从干，干扞也（以上卷五）雛從錯省，淮南子如鵲之駁；又曰从昔，昔之言乾也。鶻來去有時，制字从亶。雕一名鷲，其翮爲用箭羽，故曰雕以周之，鷲以就之。鷹從心從雁，心之應物不疾而速，不行而至，雁之應物，人或能使疾，而已不行不至。（以上卷六）九鳥曰鳩，其字从九，馮衍逐婦，書曰，口如布穀者言其多聲也。鴝𪁚而生子。又作鸜，隔而生者也。鷸黃黑色，故名曰褐，鷺好露惡霜，故从露省。（以上卷七）鷸從喬，尾長走而且鳴，則其首尾喬如也。鴳不木處安矣，故謂之鴳。鳶弁上。「鵻氏取。隼致一。鷞與也。鴿合也。鵲黑白錯。鷴黑白間。鷄可系故謂之鷄」。鴨可押故謂之鴨。鶉鳥性淳耆名之曰淳，亦其性淳，養之易熟，故曰鶉。（以上卷八）溪鷘蓋溪中之勑邪逐害者。鸚鵡嬰不能言，已而能言，母从人而後能言。（以上卷九）鴇性羣居如雁，自當而有行列，故从𡗗，詩曰鴇行，以此。鷸字从喬，喬述也，鷸知天時而述之者也。以上卷十螻蟻有君臣之義，故其字从義，亦或从豈，善鬥酣戰不懈，有行列隊伍。螽字从冬，冬終也，至冬而終。螣蛇能騰，蟲之自勝者也。螢从熒省，熒小火也。蟋蟀能率陰陽之悉者也。蠁蓋蟲之知聲者也，字从嚮省。以上卷十一蜘蛛設一面之網，物觸而後誅之，知誅義者也。蠖之義蓋取諸尺，漢志曰尺者蒦也，蜉蝣朝生莫殞，有浮游之義。蠓字从蒙，音謂之懵。蝗字从皇，今其首腹皆有王字。蜮不可得者也，故或之。蚯蚓爲物不息，引而後申。蝝善緣。蚓善引。蛤介合。蟹介解。蜻蜓動止當於廷故，又謂之蛉，令出于廷者也。蚊或从昏，以昏時出者也。以竹策龍爲籠。以竹策馬爲篤。以上卷十二馬尾鬣一道通黑如界，若今衣脊絡縫，故曰駱也。驖取其堅壯如鐵，故曰驖也。驃从縹省，一染謂之縹。駮類馬食虎，而虎食馬，凡類己也而能除害己者，在所交也。騋之字从來，言進于馬矣。駒从句字，音拘，則以駒血气未定，宜拘執之耳。駥即戎馬，故其字指事，而戎事齊力尚强。以上卷十三李東方之果木子也，故其字从木从子。楓木厚葉弱枝善搖，故字從風作。橙可登而成之，柚視其外油然者也。以上卷十三 楸梧早脫，故謂之秋。謂之鸎桃，亦以鸎所含食也。柏視松也，猶伯視公，樅以直而從之。檜以曲而會之。桐能同母道也。以上卷十四 蓬雖轉徙無常，其相遇往往而有也，故其制字从逢。蒿艸之高者也。蘩白而繁。荇之言行也。藻之言澡也。蕭可以祭，故其字从肅，亦秋風之過蕭蕭然。以上卷十五 菘性淩冬不凋，四時長見，有松之操，故其字會意。苹無根而浮，常與水平，故曰苹也。婦人樂有子，則芣或不或已。蓍从耆，草之壽者 以上卷十六 荷華葉等名具衆義，故以不知爲問，謂之荷也。藕偶生，又善耕泥引長，故藕之文以偶名之。艾藍于夏，先王之法禁焉，制字从監，以此故也。蒺藜，蒺之言疾也，莧莖葉皆高大，故其字以見，指事也，茜東方語處不如西方多，夫文西草爲茜。莎草疏而無溫，故从沙，與內司服所謂沙同意。艾从乂，草之可以乂病者也。耋者老之到也，夫文老至爲耋。芠以叉焆爲名。鷊有雜色似綬，其字从鷊。以上卷十七 薇，菜之微者也。蕨狀如大雀掌石，又如其足之蹶也，故謂之蕨。凡氣薰則惠和，故於文惠草爲蕙。文闌草爲蘭，蘭闌不祥，故古者爲防刈之也。以上卷十八 雪从彗，蓋雪雨之可掃者也，亦孤淨坋穢，若彗。陰散陽爲霰。陽包陰爲雹。以上卷十九 陰陽以回薄而爲雷。以申洩而爲電。赤白色謂之虹，故虹紅也。以上卷二十

綜觀以上諸說，有倪有非。而能知于形聲字，聲中求義。則子韶荆公之前，寔尚未聞其人。縱難盡免於坿會穿鑿之嫌，然于小學中衰之時，奏鑿空之功，則其徇齊自爲不可及矣。及乎有淸，小學大昌，戴錢段王仍承用是術，特較爲精審耳。惟是蒼頡作書，亦用叚借，漢志言轉注叚借爲造字之本，其故可知也，故形聲之聲，亦有正叚，正字者皦然易明，如福从畐聲，畐象高厚之形，與福祿之義相應，玠从，价古有大義，與大珪之義相應，是也。若其用叚字者，如縈本从方作祊，徒以彭方聲同，叚彭爲方，而有縈字

。跀本从兀作䟆，徒以兀聲近月，叚月爲兀，而有跀字，苟非好學深思，心知其意，而徒于本字推求，雖閉門十年思之，恐于从彭从月之義，終不能得也。王陸諸人，惟能因聲說義，故說正字或多得之。其說叚字，則幾于扣槃捫燭之可笑，蓋正坐其不知形聲之聲，亦有正有叚故也。盼遂攻小學，嘗取說文重文中之重聲者，類聚蕝別，而辯其孰正孰叚，如操劵契而索簿錄，洞然有見于造字考文之原，於是則重文爲古叚借之本，殆已爲不刊之論矣。今撮取重文之關于是說者，備列之以見證焉。

說文師說

乙丑丙寅之際，海寧王靜安師在清華研究院宣講許書。盼遂時懷鉛侍側，每遇奧論轍札存簡端，殆不下數百千事。恒置行篋，籍供玩索。惜累年梗泛南北，散佚過半。爰亟加甄錄，公之當世。雖斷璧零珪，固自精光奪目，令人失色辟易矣。其盼遂偶觸一得之愚，亦取而附入。蓋猶夫叔師楚辭章句之意爾。

自叙上下是也注，徐楚金云，凡指事象形，義一也。物之質形有可象者則爲象形，山川之類皆是物也。指事者謂事之虛無不可圖畫，謂之指事。形則有形可象，事則有事可指。故上下之義无形可象，故以丄丅指事之有事可指也。故曰象形指事大同而小異。段說本此。然許君于數字干支字多曰象形，則徐段二說亦未必得許意。惟小徐于刃及本末等字皆注曰此指事。此正與上下二字同例，而與其初說不合。此或得許君之意也。
諷籒書九千字，乃得爲史，注，諷謂背誦尉律之文，籒書謂能取尉律之義，推演發揮而繕寫至九千之多。
尉律文明言諷籒書，不言諷籒律九千字以上。段誤釋也。下云今雖有尉律不課。謂雖有尉律定此課試之法，而不課之也。
最者以爲尚書史注引藝文志以爲尙書御史史書令史，案劉奉世曰，史與書令史二名，今有書令史是也。愚謂尙書御史史書令史者謂尙書史，尙書令史，御史史，御史書令史。凡四種。尙書不得有御史。
魯恭王壞孔子宅注晉人謂之科斗書，科斗二字見後漢書盧植傳，非晉人用語也。
皆不合孔氏古文謬于史籒，孔氏古文謂書中古文，史籒謂籒文也。

第一篇

弍古文一，注小篆之于古籀，或仍之，或省改之，仍者十之七八，省改者十之一二而已，仍寫小篆皆古籀也，至奇字

此論甚通，然仍與省改之分數，却未易言。凡不出古籀之篆文，不必即爲古籀。獨並書古籀之篆文，有時的爲古籀也。

天顚也，說文多存古說，如天顚也。盂鼎天字作𠀘，正象人顚頂之形。此象形字也。至从一大者，乃會意字，殷商卜文已然。然間有作𠀘者，與𠀘同。

文五重一注雍熙校刊部首某字說解爲大字已下說解皆爲夾行小字絕非舊式。

唐本說文已如是，非自雍熙始。

福備也注福備古音在第一部，疊均也。

福古讀逼。福備非獨雙聲，亦疊均也。

鬃門內祭先祖所旁皇也，注鬃旁皇三字疊均。

鬃旁亦雙聲，古音滂旁無別。

瑰玫瑰也，注，玫瑰本雙聲，後人讀爲疊均。

玫瑰二字，在古音斷無相爲雙聲之理。段君于此爲不審矣。

第二篇

犡牛白脊也。

㸸牛白脊也。

㸸犡雙聲疑本一字。

告牛觸人角着橫木所以告人也

殷虛書契牛字有作[illegible]作[illegible]作[illegible]者，所謂角著橫木也。告字盖从牛。或體作[illegible]，从牛口會意。

䢧从辵备彔闕注當作从辵从略省从彔人所登也故从辵十四字

䢧石鼓如此作，當是以辵，从略省，彔聲。

䵍春秋曰晳䵍注定九年文今本左傳作晳幘。云齊侯賞犂彌，犂彌辭曰，有先登者臣從之，皙幘而衣貍製。

第三篇

諕號也从言虎

皇象本急就篇，疻痏保辜諕呼猱。顏本諕作謼。

孚𤓽古文孚从呆呆古文保保亦聲

孚保亦雙聲字，凡說文中以雙聲爲聲者，段注每以疊均釋之。

爲母猴也

爲應鼎爲叔男父匜爲宗婦盤爲石鼓皆作手牽象形。

習亦古文友

習歷鼎孝友惟刑。友作習。

史記事者也从又持中

史金文秦刻石同。

事從史之省聲

叓（小子師敎 卿事）叓毛公鼎叓盂鼎

皮从又爲省聲

古文革作𠦶（吳尊勒字所从）作𠦶（毛公鼎勒字所从）。而皮字作𠬡（叔父皮敦）作𠬡，（石鼓）象又持半革，則當是象形字，非形聲。

第四篇

矘目無精直視也

漢書趙皇后傳，武因問客，陛下得武書意何如，曰憆也。注服虔曰，憆直視貌也，師古曰，憆音丑庚反，字本作矘，其音同耳。

殙瞀也

殙字古音當讀民，與瞀爲雙聲。

觛小觶也从角旦聲

案觛疑即觶之異文。旦聲，單聲，同在十四部。古觶字讀如單。韓詩說觶適也，以雙聲相訓。（古適讀如敵）後轉入十六部，則讀如今音。而小觶猶呼作觛，則本音也。

賈子新書喻誠篇，楚昭王當房而立，愀然有寒色，曰寡人朝飢時酒二䣼䣼即觛。

盼遂按觀堂集林卷六有專文論此字。

第五卷

籀讀書也春秋傳曰卜籀云

逸周書嘗麥解『乃北向繇書于兩楹之間，』讀字正借繇字。

簋黍稷方器也

此簋字乃後起之字，皿部之盨字乃眞簋字也。

笑此字本闕徐鉉據唐韻補

唐寫本唐韵，「笑說文云字林从竹，又作咲。」林當是从之譌。

庀讀若春秋傳曰庀有餘，注，疑是賈余餘勇之賈

此引公羊昭三十一年傳，人未足而盱有餘，非引左傳也。盱庀同聲字。

乘兖古文乘从几注凭几者亦覆其上然則兖亦可以爲依憑字

士昏禮婦乘以几，故字或从几。非如段君說。

第六卷

賜予也从貝易聲

賜字古但作易，後或从金作鍚，或从貝作賜，實一字。

第七卷

倝从旦㫃聲

案古文㫃作扎，亦有繁文作𠦝者，疑即倝之初字。

旆注詩帛茷央央即帛旆是也

古白字通作帛，帛旆疑即白旆。

鼆冥也讀若黽蛙之黽

鼆與冥音義皆同，殆一字也。𩰲見殷虛卜辭及小盂鼎之㬈字从日，从立，又从𡿪古文巤字，疑立巤皆聲。又石鼓文之𥹋字，即古文次字。此字古文多作𩞄，从𠂤朿聲。經典作次，石鼓既从朿，又从次，則朿次殆皆聲。此鼆字亦有二聲，冖與黽皆聲也。米部竊字下，云竊盜從中出曰竊，从穴米，廿禼皆聲也。廿古文疾，禼古文偰字。韭部韰字下曰从韭，次朿皆聲，則古自有一字二聲者。

盻遂按說文口部，𠷎誰也，从口，𠃬又聲。血部，衋傷痛也，从血聿皕聲。木部𣓌多小意而止也，从木，支只聲。此三字皆有二聲。此種足供語言起原研究之用。

有春秋傳曰日月有食之从月又聲

有字古文作⿱又月，从又持肉。其本義當爲術食之術。其从月者訛。

函舌也象形舌體弓弓

函字解見余不嬰敦蓋銘攷釋。

甬注周禮鐘柄爲甬凡从甬聲之字皆有興起之意

按甬之言通也，鍾甬中空故謂之甬。凡甬聲之字皆有通意。

牖注古者室必有牖牖東戶西皆南鄉

注牖東戶西，當作戶東牖西。

鼎古文以貝爲鼎籀文以鼎爲貝注二貝字小徐本皆作貞

貝當作貞，小徐本是。

說文師說別錄

一段注一於悉切。段用大徐本。大徐反切用唐韻。

金文中用弌爲一者。始見于戰國時器。若二作貳三作參則見於召伯敦。

元从一兀聲。於廣韻月爲元之入，曷爲寒之入。故元从兀聲而元兀又爲雙聲。

天盂鼎天作天。齊侯壺作兲。天上更有一筆。是爲指事。

元首也。左傳狄人歸其元。兀字儿爲奇字人。一指其首。元則兀上有一。一亦以指事。猶金文天字矣。故天元古或同意。

天顛也。象頭之形。

兲顛也。从一在大上。一首也。一以識之。兲顛也。至高無上。从一大。

天甲骨文作。

丕、尚書中多丕字。且多作語辭用。疑本爲不字。後人誤釋爲大。因加一其下。改爲丕字耳。

叀、龜板金文不見叀字。叀即事字。事古作事。即由史字中之直畫引長而成事形。史作叀故譌爲叀。尋字之孳乳次序則叀一叀二亊三事四也。㐫之孳乳爲毓育后後等字。其軌道亦猶是也。

上、六國銅器有上字。春秋時器有下字。
帝字段注古文以一爲二六書之假借也。古文作一者由二省也。
旁、尙書中旁字有四面八方之意。銅器中作𠓜。其上體之冂。爲古凡字。見散氏盤。說文以凡入二部非是。同字亦由凡取形義作冃。
示、段謂示在第十五部。然周禮以示爲祇。則在第十六部。詩經示我周行。箋云示當爲寘之河之干之寘。中庸示諸掌乎。鄭注示當爲寘。
龜板文示爲丅示爪諸形。然則示之三垂不可知。
禮、丰古金文玉字有如此作者。丯龜板文玨字如此作。則豊字實爲玨在凵中之形。龜板文豊醴禮三爲一字。
禧禮吉也。嚴氏據爾雅禧告也之文。訂吉爲告之誤。段不從者。以禧不與祰連文故也。
祇、詩經何人斯一者之來俾我祇也。鄭箋訓祇爲安。謂祇爲禔之借。毛傳訓病，謂祇爲疷之借。

禋、籀文作𥛗从宀。許說誤。此从示垔聲。

祡、寘牛羊于柴中。燔燎之以祭天。又云古歌段十七部 支段十六部 二部幾於不分。

小祥名練者。以其時可衣練也。

凡類書引說文多以意改。

禘、鄭康成謂禘爲祭員丘。郊爲郊祭。王肅非之。

祏、龜板文有厈字。从示从石省。即說文祏字。

祧、以豚祠司命也。司命小司命也。與竈原無關。段注非。

禰、後世藝祖即禰祖。尙書能邇或作能昵，可爲藝通於禰之證。傳與小記曰。王者禘其祖之所自出。蓋猶言契之父稷之父也。注又引用正歲之正月。郊祭之正歲之正月。謂建寅之月。周禮中歲與年有顯別。注又言天子諸侯之禮。兄弟或相爲後。如左傳公子遂有二子。曰公孫歸父。曰仲嬰齊。公子遂謚襄仲。而春秋書仲齊嬰卒。是以嬰齊爲歸父後。于公子遂得呼爲王父。故以王父字爲氏也。

祫、五年而再殷祭者。謂五年中一祫一禘也。禮記中有大嘗禘之文。則毛傳所謂夏禘則不礿，秋祫則不嘗之說爲可疑。

祼、所謂周人先求諸陰者。郊特牲云。鬯臭達於淵泉。是祼爲灌地先求之於陰也。

禱籀文作𥜽。㝵疑爲叟字之誤。即禱之得聲。

禜設綿蕝爲營。營猶環也。齊有營邱。亦環邱也。

禬會福祭也䄜祀也。禬䄜疑同字。猶檜又作栝。譮又作話矣。　盼遂謹案。儀禮括髮亦作髺髮。

禂禱牲馬祭也。鄭必易杜者。以牲皆家畜。獵者野畜亦一證也。　盼遂謹按。禱字冠下牲馬二事言之。猶言禱牲祭禱馬祭也。古文自有省字之例。

而自來解者皆未了此。

祳、漢石經公羊傳與春秋經分刻。何休作注則合併釋之。四庫提要謂何不釋經非也。

祴、九夏皆金奏之樂。儀禮夏皆作陔。天子諸侯于賓入及初酬及賓出皆奏之。又賓禮在路寢。段特言其一端耳。

禓 注郊特牲鄉人禓。孔子朝服立於阼。即論語鄉人難朝服而立于阼階也。注禓或爲獻。或爲儺。昜聲與獻儺音理遠隔。記當是禓从示易。則與獻儺差近。徐仙民讀禓爲儺。當由本是禓字。相傳讀儺也。

段說甚佳。古音獻有莎音。儺有那音。以寒部字對轉入歌。與禓之在支部者相會。

句龍爲后土。后者主管之意。猶后稷矣。

小徐本有禷字。即詛字。

周禮廟濯。或謂當有𥜥字。

王、吳淸卿說王下爲从火。卽火盛爲王之本字。實則不然。龜板文正同小篆作。

閏注古路寢明堂太廟異名而實一也。古者明堂宗廟路寢制度略同。故可通稱。又云閏字見於堯典。然龜板文有十三月。是閏法起于周之證。

皇、注引九皇六十四民。此倒叙句也。或謂民當作氏非也。山海凡云某某之民皆古部落酋長之稱。盼遂謹案。尙書呂刑苗民弗用靈。此民亦君稱也。皇字金文作皇。上象日光放射之形。引申有大義。如大父亦曰皇父。大帝亦曰皇帝。以皇爲帝王之稱。疑自秦代始。

瑗、吳氏古玉圖考所收瑗形略如今之環。說文人君上陛除以相引。故瑗之言援也。古文爰作[illegible]。龜板文有[illegible]。疑皆瑗之本字。盼遂向著九錫考一文。粗足發明此指。

璧、古玉圖考中璧之肉好亦甚有出入。

琮注大琮八方之徑八寸。大八寸非謂徑言。古玉圖考琮皆爲筩形。兩口突出一寸。形外方中圓。或謂琮古人以爲束錦之用未確。蓋爲行禮之器。秦權有八角而中空者。殆古琮之遺制與。

琥、戰國時已有虎符。古玉圖考收琥種類甚多。實非虎符。但雜佩式劍璏之類耳。吳以其有虎頭而徑入之。予藏琥之拓本。虎狀長大。略如吳圖之瓏。殆眞發兵符矣。

吳書所收玉器。多屬眞者。近則僞品日多。

琰、尙書顧命陳寶大訓弘璧琬琰。琬琰爲二物。段合爲一非也。又云顧命之陳寶亦玉名。史記封禪書秦得陳寶若石是也。廣雅謂爲刀名失之。

環玦、古環玦多由摺扇面式之玉片合成。今京師不少見。

瑵車蓋玉瑵。車蓋弓周禮亦謂之穹隆。

瑑注瑑有圻鄂瑑起也。圻鄂連語。周禮注亦作殿鄂。

璪弁飾也。弁之制不可知。唐人之弁由畫中尚可略見。

玼注十五部。宜在十六部。柴或作稿其例也。此玼亦譌作瑳。若十五部則不與十七部通。

琢注三部。琱注三部。琢琱不同部。

玤以爲系璧。殷虛出蚌璧小如康熙錢。疑古系璧，自有石蚌一二種也。

琅玕、禹貢雍州貢之。實則自和闐來，此石之自然圓者。

珋出西胡中。漢人以匈奴爲胡。故葱嶺東西。漢人別謂之西胡。金文畱字多从卯。不从丣。故珋亦可从卯。漢人謂劉字爲卯金刀未可遽斥爲俗。

靈、詩神保斯享。猶楚辭之靈保也。

金文中正之中皆作𠁩。伯仲與中央則皆作中。其作中者算器也。

玨重文爲瑴。玨與瑴非同字。古玉或貝皆以一貫五枚。二貫爲一玨。故龜板文作𤤴。就其枚言之。則曰玨朋區。就其貫言之則曰工曰玨爾雅玉十。

謂之區。區即㱿之借。

璡从車玨。璡字會意。許君蓋望文生訓。其是處固多。然失處亦時見。

士推十合一爲士。易云老婦得其士夫。老夫將其女妻。是士爲少年未娶之稱。

龜板文牡字作𤘘从士。推十合一爲後起義。

壻从士胥。周官胥下必有徒十人。

屮古文或以爲艸字。屮艸雙聲。

每艸盛上出也。韓詩周原腜腜。腜腜者每之借。毛詩作膴。膴則腜腜之形譌。

𡵸注引衆經音義。元應慧琳兩音義引說文。不足信者甚多。

莊古文作𤖉。龜板文有𤖉。爲古葬字。𤖉下之六。仍與爿同。則亦古文葬字也。

蓏在木曰果在地曰蓏。果蓏二字連語。

左文五十三重二大篆从䢅。此處所云大篆。非許君所見蒼頡篇中字也。據蓬字下說解可知。盼遂謹案。蒼頡篇當是史籀篇。此先生偶誤記也。下文蓬蒿也从艸逢聲䓬籀文蓬省。可知。

𦵏从死在茻中。死借爲屍。

小、龜板銅器小皆作八。象物瑣碎之形。

八別也。背出於北北出於八。又云。八本象形字。說文云然。後人多誤釋爲指事字。釆字亦然。疑說文中指事自爲一種。非如後人所論者也。

家注詈意內而言外也。詈之塙釋實應爲詈意有餘而言不足也。

介、龜板文中有𠆭字。疑即介之古文。介與甲同。用甲三重以護肩身膝。故介从彡象之。小篆媎文。

余、金文有今舍二形。

文十二重一。重一者。或許君以𠆭爲余之重文。

牛、象角頭三封尾之形也　盼遂按三封一辭。謂尻上三骨也。北齊賈思勰齊民要術卷六養馬牛法云：『三封欲得齊如一。』自注云，『三封者即尻上三骨也。』故知說文此處三封指牛下之一横而言。段氏注乃云，『角頭三者，謂上三岐者，象兩角與頭爲三也。封者謂中畫象封也。封者肩甲墳起之處。』誤分三封爲二，其失巨矣。乃歷來研許書者統未顧及要術此文，何耶。

牡、龜板文有塵字。亦牡字也。又云。段謂从土取土爲水牡之意其說非也。段引或說土當作士。士者夫也。其說則是。

特、石鼓文我敺其時。時即特之借字。我敺其樸。樸即樸之借字。皆汎指牡獸言。

牻春秋傳曰牻㹁。牻㹁難解。或古成語。

犧畜犧畜牲也。畜犧漢常語。

牽、注牲腥曰餼生曰牽。煑而未熟曰腥。

𠔽、𠔽之八𠆢也。一象衡楅。

告、許云角著橫木者。龜板文有𡴀。釋爲牛字正象角著橫木形。許君所見告字或从𡴀作也。

哭、段說从犬吅會意甚是。

器、金文器頗類爽。

止、止足也。故引申爲下基。

𡳿、𡳿亦止也。實則古文字形反正相同。不因是而音義異。據龜板金文中考之。無不如此。

此、古金文字不見有此。始見于戰國。

正、當爲古征字。故从止。古語以征以行。

疋

彳

亍

行、以上四字實由一字衍變。龜板文有[illegible][illegible]二文。上文象四足在四達路口。下文象二足在道中也。當即許書辵之古文。後來以辵爲偏傍。因决裂之而爲彳，爲亍，爲行。遂違古文之意耳。辵之訓當爲行也。从止在道中。

廷、廴部之廷。古文作[illegible]。建石鼓文作[illegible]。皆不从廴。說文宜別立乚部。

牙、說文無互字。竹部有从互之笠。實則互即牙字之變。六朝唐寫本牙互字作[illegible]。

疋、疋與足恐本一字。古文楚亦从足可證。

龠、金文恆見龢。音讀不可知。然則龠字。殆从亼从冊也。

冊注其制長者一尺。一尺當係二尺之誤。又云。注冊字五直一長一短。象其意而已。此說非是。冊之一短一長者。惟冊命王侯則然。

舌从干口。舌上爲干與否未可知。

屰从干下凵。屰象倒入作𢆉。見楚公鐘。

㐁弼字从此。古文弼作𢐀从㐁。㐁席也。宿古文作𥨊。廣雅㐁席也。盼遂向著釋因等十四字一文。即本先師此指。

句部　拘　笱　鉤　四字會意重於形聲。盼遂謹案丩部臤部字皆可以此意求之。

卅、石鼓文「爲卅里。」讀卅爲三十兩音。盼遂謹案。秦始皇嶧山刻石。皆四字句。中獨二十有六年以五字爲句。殊不類。蓋合讀二十兩音爲廿音疾與此適相僢也。

辛、辛爲辠之本字。金文作𢆉𢆉二形。若庚辛字則直筆縱下。與辛之下詘曲者別。謂今說文辛部字皆當併入辛部。

異、虢叔鈁鍾作𢍰。疑即扶翼之本字。

戴、龜板文有[illegible]諸形疑即戴字。
晨丮夕爲夙。龜板文夙作[illegible]。古文夕月不分。
亹、龜板文有[illegible]與[illegible]有關。讀若門。

文字音韻學論叢卷三

息縣劉盼遂著

反切不始於孫叔然辨

今之稍治聲韵者，莫不知反切之始于孫叔然。其說實本之顏之推陸德明張守節三家。

顏氏家訓音辭篇曰，鄭玄注六經，高誘解呂覽淮南，許愼造說文，劉熹制釋名，始有譬况假借以證音字。而古語與今殊別，其間輕重淸濁猶未可曉。加以內言，外言，疾言，徐言，讀若，之類，益使人疑。孫叔然創爾雅音義。是漢末人獨知反語。至于魏世，此事大行。高貴鄉公不解反語，以爲怪異。

經典釋文叙錄曰，古人音書，只有譬况之說。孫炎始爲反語。魏朝以降蔓衍實繁。

史記正義論例曰，先儒音字，比方爲音。至魏秘書孫炎始作反音，又未甚切。今並依孫反音，以傳後人。

然盼遂嘗試推攷其實，則非自孫氏始也。其間又有二說焉。一主周秦即有反語，若沈适鄭樵顧炎武錢大昕程瑤田汪中王引之俞正燮等所說是。今命之曰周秦派。一主東漢盛行反語，若景審馬國翰章炳麟及盼遂所蒐諸證是。今命之曰東漢派。因臚二派之說于左而評騭之。

一　周秦派之說

夢溪筆談卷十五曰，切韵之學，本出於西域。漢人訓字只曰讀如某字，未用反切。然古語已有二聲合爲一字者。如不可爲叵，何不爲盇，按此句如有誤是爲爾，而已爲耳，之乎爲諸之類，似西域二合之音，蓋切字之原也。如輭字文從而犬，亦切音也。殆與音生，莫知從來。

通志六書略諧聲變體論云，急慢聲諧，慢聲爲二，急聲爲一也。梵書謂二合聲是矣。如慢聲爲者焉，急聲爲旃，旃者焉聲之應。慢聲爲者與，急聲爲諸，諸者與聲之應。慢聲爲而已，急聲爲耳。慢聲爲之矣，急聲爲只。慢聲爲者也，急聲爲者。慢聲爲也者，急聲爲也。慢聲爲嗚呼，急聲爲嗚。慢聲爲噫嘻，急聲爲噫。皆是相應之辭也。又如語言之中，慢聲爲激搏，急聲爲郭。慢聲爲中央，急聲爲張者，亦是也。

程氏瑤田通藝錄，汪氏中經義知新記，王氏引之春秋名字解詁，皆有論春秋時有反語之文。文略同沈顧諸人，今不具錄。

俞正燮癸巳類稿卷七反切證義條有云，北齊書廢帝紀云，跡字自反，足亦反爲跡，足責反爲蹟也。其先亦有此義。說文云，風動蟲生，從虫凡聲。論衡商蟲篇云，夫蟲風氣所生，倉頡知之，故凡蟲爲風之字。是倉頡從凡蟲省。太平御覽引春秋考異郵云，其字虫動于凡中者爲風。則凡虫自切爲風也。推之舍予自切爲舒，赤巠自切爲䞓，赤貞自切爲赬，朱口自切爲咮，刺貝自切爲賴，秃貴自切爲穨，束走自切爲踈，巾氏自切爲帋，羽異自切爲翼，羽立自切爲翌，女襄自切爲孃，女仁自切爲佞，至秦自切爲臻，雨云自切爲雲；日安自切爲晏，邑牙自切爲邪，㐅丿自切爲延，人肴自切爲倄，十肴自切爲脺，宀必自切爲宓，亼皀自切爲食，衣谷自切爲裕，欠金自切爲欽，言台自切爲詒，目少自切爲眇，角奇自切爲觭，火斤自切爲炘，火共自切爲烘，虫之自切爲蚩，羊久自切爲羑，月又自切爲有，肉𠫓自切爲育，肉臾自切爲腴，佳奚自切爲雞，目民自切爲眠，麥丏自切爲麪，委鬼自切爲魏，八弋自切爲必，者竹自切爲箸，如此之類，半爲雙聲，半爲曡韵。李陽冰亦言矢引爲矧，說文繫傳譏爲七書。今略舉之其類甚多。六書中諧聲一類豈七書邪。知兩合爲反切，則緩讀急讀，古人用文字中自有反切。兩合自反，則古人制字中亦有反切。

顧炎武音論下卷反切之始條曰，按反切之語，自漢以上，即已有之。嘗考之經傳，蒺藜正切茨字，瓠盧正切壺字，鞠窮正切芎字，丁甯正切鉦字，辟倪正切陴字，奈何正切那字，和同正切降字，句讀正切穀字，邾婁正切鄒字，明旌正切銘字，終葵正切椎字，大祭正切禘字，不律正切筆字，蔆蕪正切須字，子居正切朱字，窗籠正切聰字，蠾蝓正切䗪字，卒便正切倩字，令丁正切鈴字，（盼遂按顧氏此條誤，古音丁在青部，鈴在真部，本不相同，）鶻鵃正切鳩字，瘯蠡正切痤字，蔽膝正切韠字，側理正切紙字，扶淇正切濰字，狻猊正切獅子，以此推之，反語不始於漢末矣。

又曰，宋庠國語補音，行玉二十瑴下云舊音出廿字，則當音入。顏之推稽聖母賦云，中山何夥有子百廿，又卅爲三十，音蘇合反，卌爲四十，音先立反。皆與于秦隸從簡。因各有音。大抵急言之耳。按此並以二字爲一，與反切相近，故引之。

十駕齋養新錄卷六，合音即反切之始條下有云，春秋襄二十年，吳子乘卒，即壽夢也。服虔以壽夢爲發聲，壽夢一言也，經言乘，傳言壽夢，欲學者知之也。予謂壽乘皆齒音，壽當讀如疇，與乘爲雙聲。夢古音莫登反，與乘疊韵。倂兩字爲一言，孫炎反切萌芽於此。

以上諸說皆主反語之始爲周秦所固有也。

二，東漢派之說

景審序慧琳一切經音義云，古者音反多以旁紐而爲雙聲。始自服虔。元無定音。吳音與秦音莫辨，淸韵與濁韵難分。近有元廷堅韵英及張戩考聲切韵。今之所音，取則于此。

馬國翰玉函山房輯佚書小學類古文官書提要曰，古文官書一卷，後漢衞弘撰。每字下反音甚詳。則東漢初已有切字，鄭氏經音所本。世謂始於孫炎，非篤論也。

章炳麟國故論衡音理篇曰，或以字母未出，儒者所傳切語，以上字爲雙聲標識，其文有定。亦若晚世三十六字母，雖然造反語者非始於孫叔然也。

章氏自注云，按經典釋文序例謂漢人不作音。而王肅周易音，則序例無疑辭，所錄肅音用反語者十餘條。尋魏志肅傳曰，肅不好鄭氏，時樂安孫叔然授學鄭玄之門人。肅集聖證論以譏短玄，叔然駁而釋之。假令反語始於叔然，子雍豈肯承用其術乎。又尋漢書地理志廣漢郡梓潼下，應劭注，潼水所出，南入墊江，墊音徒浹反。遼東郡沓氏下，應劭注，沓水也，音長答反。是應劭時已有反語，則起於漢末也。

以上二說皆主反語盛行於東漢者也。雖然馬章二氏舉例，尚有未盡。盼遂昔嘗博覽羣籍，又得五事焉。曰杜林蒼頡訓詁，郭顯卿字旨，許愼高誘淮南鴻烈注，鄭玄羣經音，服虔通俗文，是矣。

顏氏家訓風操篇云，蒼頡篇有倄字，訓詁云，痛而謼也，音羽罪反。又音辭篇云，蒼頡訓詁反稗爲逋賣，反娃爲於乖。戰國策音兔爲刎。盼遂按顏氏寘蒼頡訓詁于戰國策注之前，則箸訓詁者，年輩居高誘之前矣。唐志蒼頡訓詁杜林撰，杜林後漢光武時人，見范書本傳。

隨書經籍志後漢太子中庶子郭顯卿撰雜字旨一卷，郭忠恕汗簡頗引雜字旨中反語。

初學記，藝文類聚，文選李善注及太平御覽引淮南王書許愼注或高誘注頗有反語。後人以漢無反切謂淮南反語爲舊唐書何誘撰本。然何誘書不見于隨志。則何爲唐人可知。徐堅歐陽詢李善皆初盛唐人，惡及引之。皆坐不知漢有反語，而宛轉牽率，遂如著敗絮行荊棘中矣。盼遂著有淮南許注漢語疏詳之。

經典釋文敘錄音尙書者有鄭玄，玄又有詩音一卷，周禮音一卷，儀禮音一卷，禮記音一卷。盼遂按釋文中所引鄭音某某反者甚多，蓋皆各經音中語也。

隨書經籍志，河南服虔撰通俗文一卷。盼遂按據司馬貞史記索隱，玄應一切經音義，李善文選注及太平御覽諸書引通俗文頗具反切。

今綜以上諸家之說觀之，則反語之興也，上不出於豐鎬之間，下不遲於典午之世。其在光武明章之際，固已昭昭然若揭旂常矣。雖陸德明孫志祖推難於鄭音，顏之推臧琳送疑於服氏。然其餘諸証，固難一概相量而予以湮滅也。況陸氏諸人先存漢無反語之見，秡穃於匈，早成本原之悖繆乎。今備列其說而攷辨之。

經典釋文叙錄于爲尙書音者四人下注云，案漢人不作音，後人所託，

孫氏讀書脞錄云，漢人注經，止爲譬況，魏孫炎創反切，至晉宋以來，反音始盛。後魏書劉芳傳，芳撰鄭玄所注周禮儀禮音，何休所注公羊音，隨書經籍志釋文叙錄載鄭注諸經皆有音切。是後通鄭學者所釋，非鄭自爲。

顏氏家訓勉學篇云，通俗文世間題云河南服虔字子愼造。虔既是漢人，其序乃引魏人蘇林張揖。且鄭玄以前不解反語。通俗文反音甚爲近俗，或近

代更有服虔乎，不能明也。

臧氏經義雜記云，隋志通俗文一卷，服虔譔。叙次在沈約四聲李槩音譜釋靜洪韵英之下，則隋志不以爲漢之服子愼所譔。

盼遂謂四家之說，陸顏孫皆以漢無反語爲宗，別無依據，不再辨。若臧氏據隋志寘通俗文於沈約諸人之下，遂謂非漢之服虔所撰。然隋志上文即列許愼說文于張揖李彤之後，將亦謂愼爲晉宋人歟。原隋志編比年世，最無倫脊。秦漢六朝殽蒸雜陳。臧氏不察，乃成詿誤，抑亦不思之過矣。

然則六朝人所謂孫叔然創反語者，究何謂乎。盼遂竊意必周秦有反語者鑿也。必東京無反語者泥也。反語之原，實在漢轍之東，中興之朔矣。而六朝人必謂始于炎者，亦誠自有其故。即漢魏六朝隋唐諸家切語上字，彙聚徧觀而可知也，荀卿子曰，故好書者多矣，而蒼頡獨傳者壹也，好稼者多矣，而后稷獨傳者壹也，好樂者多矣，而夔獨傳者壹也。好義者衆矣，而舜獨傳者壹也。此謂蒼頡后稷夔舜諸人，于佩觿挈獄之中，能整齊而畫一之爾。孫氏之前及並世造反語者多矣，而孫氏獨稱者，亦以炎能奏整齊畫一之功也。攷孫氏爾雅音中反語經典釋文引者凡六十五事。集韵引者三事。餘如初學記晉書音義詩經正義文選李善注太平御覽引各三數事，總不下百餘事。其中惟犬字（釋畜青驪騆，釋文騆謝孫犬懸反。）輕字（集韻去聲三十三綫蜆字注云，孫氏爾雅音輕甸反，）不合於陸氏切韵聲母四百五十二文。餘則若合符契矣。再進而稽諸杜林衛弘許愼高誘服虔張揖王肅所用切語上字，則牴牾滋多。今據羣書所引諸家切語上字而列其詭異者于左方。

古文官書（後漢衛弘撰）所用反語上一字，有雩竹禹揄施瑜鹿毗差事禘次了達可役仁籍尤櫨碧輸喻提諸字，按皆不見于切韵聲母中也，（據馬氏玉函山房輯佚書引後放此）

通俗文（後漢服虔撰）所用反語上一字，有曷祖兄夾樵牟故治諸字，按皆不見于切韵聲母中也。

埤蒼（魏張揖傳）所用反語上一字，有闓共眞記滑故助緣憐諸字，按皆不見于切韵聲母中也。

古今字詁（魏張揖撰）所用反語上一字，有父乂輕諸字，按皆不見于切韵聲母中也。

周易王氏音（魏王肅撰）所用反語上一字，有卜冥剛祖否針遣備遐緇劣姸尙袁諸字，按皆不見于切韵聲母中也。

以上各家之書，其反語存者，多不越百，少乃僅十數耳。其乖異已如此之夥。知叔然之世，切語之用字至庬雜矣。叔然踵齊音之茂制，奏郭濤之膚公，音有定檢，語不逾範。自是而後，道切語者翕然宗之。觀于六朝人所爲各書音義，概可知矣。嗣後若顧野王玉篇陸法言切韵所注反語，皆準則孫氏，不離其宗。無張揖王肅諸人詭異之音。知切韵四百五十二聲母，即孫氏之舊物也。唐張守節造史記正義亦云，今並依孫反音，以傳後學。則孫氏所以獨得創反語之名者，良由其於反切上一字有整齊畫一之切，於此益昭然矣。

詩蝃蝀篇遠兄弟父母韵說

毛詩鄘風蝃蝀第三章，朝隮於西，崇朝其雨，女子有行，遠兄弟父母，今考案古音，雨在魚部，母在咍部，不相通用，自王念孫古韵譜，段玉裁詩經韻表，以之列入魚部，謂雨母二字爲合韻，後來諸家莫不一守其說，謂爲信然，盼遂按合韵之說非也，今經文乃誤本有譌倒，毛公原本應作。

朝隮於西　崇朝其雨　女子有行　遠兄弟母父

父與雨同在古音魚韵，自相叶和，後之人口耳習熟父母恆言，展轉从而改易，遂失其韻耳，茲且列五證以明之。

一、俞氏樾古書疑義舉例謂古文有倒文協韻例，曾舉詩釐爾女士，从以孫子，制彼裳衣，如鼓瑟琴諸證，以謂女士本作士女，孫子本作子孫，裳衣本作衣裳，瑟琴本作琴瑟，所以顛覆之者，爲與上下文協均故爾，盼遂

一三三

昔校莊子，至天下篇，椎拍輐斷，與物宛轉，舍是與非，苟可以免，不師知慮，不知前後，亦謂前後原當作後前，倒文以與斷轉免協韵，淺人不知，謬改之耳，蝃蝀之詩，殆與同符，此可據以證實者一也。

二、鄘風柏舟篇，兩言母也天只，不諒人只，劉氏師培說之曰，傳云天父也，變父言天，且以居母下者，求與人字協韵故也，（小學發微中說其大意如此）與此詩母父之文正同一例，此可據以證實者二也。

三、荀子蠶賦，夏生而惡暑，嘉濕而惡雨。蛹以爲母，蛾以爲父。亦以父與暑雨爲韵，故先母而後父。此可據以證實者三也。

四、韓文公集，扶風郡夫人墓志銘，銘云，淑哉夫人，夙有多譽。來嬪大家，不介母父。倒父母爲母父，以均譽者，其來歷當本此詩。此可據以證實者四也。

五、詩大雅皇矣篇云，帝謂文王，詢爾仇方，同爾弟兄。范曄後漢書伏湛傳所引如是。是伏所見者爲眞本。今本改作同儕兄弟，與上文王仇方爲不韵，亦由恒言習俗而誤改也。詩於兄弟既可倒文協韻，然則於蝃蝀之母父協韵，又何難焉。此可據以證實者五也。

惟詩皇矣篇之兄弟二字誤倒，段氏六書音韵表始據後漢書，謂宜改作弟兄，而於蝃蝀篇母父之倒，段氏獨不能諟正，此最足見校書得間之非易易也。

中國文法複詞中偏義例

顧亭林日知錄卷二十七通鑑注一條下云，『古人之辭寬緩不迫，如得失，失也，利害，害也，緩急，急也；成敗，敗也；異同，異也；贏縮，縮也；禍福，禍也：皆此類，』後俞曲園著古書疑義舉例卷二因此以及彼例引顧氏此說，惜不能有所闡發，去年黎劭西先生著國語中複合詞的岐義和偏義一文，載布於女師大學術季刊第一卷二期中，復本顧俞二氏之說，而益加以疏通證明，夫如是複詞中偏義一例，在文法學上之重要遂益昭明矣。盼遂平昔校理古籍，蓋嘗留心此例，於三家所舉者外，無慮凡得廿餘事。今撮錄如左，非敢云補，抑亦附驥續貂之意，兼以匃正於文法哲匠云爾。

一、愛憎，憎也。三國志吳志卷十二虞翻傳注引吳書曰，『翻雖在徙弃，心不忘國，常憂五谿宜討，……欲諫不敢，作表以示呂岱，岱不報，為愛憎所白，復徙蒼梧猛陵。』盼遂按，爲愛憎所白者，爲憎者所白也，因言憎而連舉愛字矣，胡三省資治通鑑注七十二，魏明皇帝紀乃云，『讒佞之人有愛有憎而無公是非，故謂之愛憎，』失其義矣。此條亦出日知錄通鑑注條，乃俞黎二氏皆未之引，故今首標出之。

二、陟降，陟也。毛詩大雅文王首章云，『有周不顯，帝命不時，文王陟降，在帝左右。』盼遂按，帝，上帝也。惟升陟可至上帝左右，非降之事也。此因言陟而連舉降字矣。毛公傳云，『言文王升接天，下接人也，』於經旨未符。

三、陟降，降也。毛詩周頌閔予小子篇云，『於乎皇考，永世克孝。念茲皇祖，陟降庭止。』又敬之篇云，『敬之敬之，天維顯思，命不易哉。無曰高高在上，陟降厥士，日監在茲。』盼遂按，此二陟降皆言降也。前者言皇考皇祖之降止於庭，後者言高高上天之降監厥事也。此因言降而連舉陟字矣。歷來解詩者皆依文附會，不任理解。先師王先生觀堂集林一與友人論詩書中成語書始明此義。其曲證旁引，直湊單微。以文繁不具逐錄。

四、彊弱，彊也。後漢書四十七馮異傳云。『光武略地潁川，攻父城不下，屯兵巾車鄉。異間出行屬縣，爲漢兵所執。時異從兄孝及同郡丁綝呂晏並從光武，同共薦異得召見。異曰，異一夫之用，不足爲彊弱。』盼遂按，馮異言彼爲一夫之用，得之於漢軍，不加彊也。此因言彊而兼舉弱矣。彊弱二字，在史書中如此用者，屢見不一見。茲姑舉一例爲見端爾。

五、朅來，來也。劉向七言曰，『朅來歸耕永自疎。』(文選思玄賦李善注引。)文選卷十五張平子思玄賦『系曰，迴志朅來從玄謀，獲我所思復何求。』文選卷六十陸士衡弔魏武帝文『詠歸塗以反旆，登崤澠而朅來。』盼遂按，說文去部廣雅釋詁二與張衡思玄賦自注皆云，朅，去也。而以上三文之朅

一三九

來，皆止作來用，絕無往意。此因言來而兼舉朅之故。唐以來辭章家竟誤以朅爲語助字矣。

六、往來，來也。毛詩小雅巧言篇云。『荏苒柔木，君子樹之，往來行言，心焉數之。蛇蛇碩言，出自口矣，巧言如簧，顏之厚矣。』盼遂按，此章爲傷讒之大夫授幽王以辨姦術也。謂君子於人言之來，宜用心分析。其碩言則安然出口矣，其巧言則如簧而厚顏矣。故「往來行言」一句，實專斥來言立說，往字特因習語而牽率之耳。又詩邶風終風篇云，『終風且霾，惠然肯來，莫往莫來，悠悠我思。』此詩亦衞莊姜冀州吁之惠然肯來，以見我。而終於莫來，故我思之輒悠悠也。此莫往二字，即因莫來而連舉，與小雅「往來行言」之句正同出一轍也。楚辭招魂云，『魂兮歸來哀江南，』劉安招隱士云，『王孫兮歸來，山中兮不可以久留。』至陶潛作歸去來辭，體本楚騷，而意爲歸來。惟其間獨羼入去字，知亦揭來往來之意。明「歸去來」之即「歸來」，而縮綽其文，繹緩其思。則揭來往來之「揭」「往」同爲伴詞，又何疑焉。

七、安危，危也。周書尉遲迥傳，『迥以隋文帝當權，將圖簒奪，遂謀舉兵，乃集文武士而令之曰，楊堅藉后父之勢，挾幼主以作威福。不臣之迹，暴於行路。吾與國舅甥，任兼將相。先帝處我於此，本欲寄以安危。今欲與卿等糾合義勇，以匡國庇民，何如。』盼遂按，迥此言先帝寄以安危，實先帝以危難寄之也。是時宇文氏之危亟矣，故迥匆匆舉兵討堅以挽頹運。此本言危，因語勢而兼舉安耳。

八、虛盈，虛也。文選卷三十沈休文冬節後至丞相第詣世子車中作云，『廉公失權勢，門館有虛盈，貴賤猶如此，況乃曲池平。』盼遂按，此本廉公失勢之後，門館邱虛，當無再盈之事。此因言虛而兼舉盈耳。

九、是非，非也。杜工部集卷十二黃草篇云，『黃草峽西船不歸，赤甲山下行人稀，秦中驛使無消息，蜀道兵戈有是非。』盼遂按，此詩實肅宗寶應元年，子美避徐知道之亂而作。時徐知道北據劍閣，阻兵亂蜀。故云蜀道兵戈。本深非之，而云是非者，蓋成語中以是爲伴詞也。

十、動靜，動也。禮記樂記云，『樂必發于聲音，形于動靜，人之道也。』孔穎達疏云：『內心歡樂，發見于外貌動靜，則不知手之舞之，足之蹈之，是也。』盼遂按，手之舞，足之蹈，止所以表動，非言靜也。兼言靜者，成語使然耳。今俗語猶言人有所動作曰動靜。

十一、哀樂，哀也。世說新語言語篇『謝太傅語王右軍曰，「中年傷于哀樂，與親友別，輒作數日惡。」王曰，「年在桑榆，自然至此，正賴絲竹陶寫，恆恐兒輩覺，損欣樂之趣。」』盼遂按，哀樂實專指哀傷言，故復云數日惡也。

十二、存亡，亡也。三國蜀志諸葛亮傳『上疏曰，先帝創業未半，而中道崩殂。今天下三分，益州疲弊。此誠危急存亡之秋也。然侍衞之臣不懈於內，忠志之士忘身於外者，蓋追先帝之殊遇，欲報之於陛下也。』盼遂按，疏中存亡二字，實專就亡言。先帝崩殂，益州疲弊，皆敗亡之徵，非存在之驗。故以之與危急連文。下文侍衞之不懈，志士之忘身，正爲欲挽救危亡之運則然。今明此存亡二字，實單言亡，而附帶及存字矣。

十三、上下，上也。顏師古匡謬正俗卷八云，『荀爽與李膺書云，「舍館上下，福祚日新。」此蓋古來人士致書相問之常辭耳。凡言上下者，猶稱尊卑摠論也。此類非一。是以王逸少父子與人書每云，「上下數靜，」「上下咸宜。」上者屬於尊親，下者明謂子弟爲論。及彼之尊上，所以上字皆爲懸闕。而江南士俗，近相承與人言議及書翰往復，皆指父母爲上下，深不達其意耳。』遂盼按，上下二字，以言人之尊親，專取上義，此自複詞偏義之通例。江南人士旣云相承使用，則必有其來歷，顏氏輕加訶讓，未免拘墟之見矣。

十四、逸勤，勤也。尚書盤庚上云，『古我先后暨乃祖乃父，胥及逸勤。予敢動用非罰。世選爾勞，予不掩爾善。』盼遂按，勤即下文之勞。臣民之父祖於國有勞，故盤庚告其子孫云，世選爾勞。此逸字實無用。吳摯父尚書定本謂當依蔡邕引作肆勤，言相與勞勤也。蓋坐不瞭古文法，而姑妄言之歟。

十五、充詘，充也。禮記儒行云，『儒有不隕穫於貧賤，不充詘於富貴。』注云，『隕穫，困迫失志之貌也；充詘，喜失節之貌。』盼遂按，充詘，充也，言淫溢也。不充於富貴，猶孟子言富貴不能淫矣。貧賤而不迫，與富貴而不充一類。詘字蓋襯詞矣。充者申也，詘者曲也，二字本對文雙聲連綿字。隕穫亦雙聲連綿字。

十六、毀譽，毀也。漢書楊惲傳惲報孫會宗書云，『足下哀其愚蒙，賜書敎，督以所不及，殷勤甚厚。然竊恨足下不深惟其終始，而猥隨俗之毀譽也。』遂盼按，傳言會宗與惲書諫戒之，爲言大臣廢退，不當治產業，通賓客，有稱譽。則是會宗於楊氏亦隨俗說毀之，非譽也。此言譽者，蓋言毀而連譽字舉之耳。故惲文云『言鄙陋之愚心，若逆指而文過。』知會宗之書，深纍子幼之過，故云然。

十七、美惡，美也。楚辭離騷『曰兩美其必合兮，孰信修而慕之。思九州之博大兮，豈惟是其有女。曰勉遠逝而無狐疑兮，孰求美而釋女。何所獨無芳草兮，爾何懷乎故宇。時幽昧以眩曜兮，孰云察予之美惡。』王逸注曰。『屈原答靈氛曰，當時之君皆闇昧惑亂不知善惡，誰能察我之善情而用己乎。』盼遂按靈氛謂屈原兩美其必合兮，孰求美而釋女，是以原爲美也。故原答孰能察予之美，下文又云『豈珵美之能當。』皆原之以美自歸。叔師所注實能得其環中。知『察予美惡』之「惡，」確屬複詞中之襯詞，而原無作用者矣。於此種字苟泥其象迹求之，罕有不顛蹶厥趾者。

十八、前却，却也。魏志董卓傳注引華嶠漢書云，『卓欲遷都長安，召公卿以下大議，曰，百姓小民何足與議。若有前却，我以大兵驅之，豈得自在。』盼遂按卓意謂百姓退却不進，而兼云前却，此自文法中偏義例爾。

十九、沮勸，勸也。三國吳志諸葛恪傳，『恪既亡，臧均表乞收葬曰，使國澤加于辜戮之骸，復受不已之恩。於以揚聲遐方，沮勸天下。豈不弘哉。』盼遂按沮勸天下，即勸勉天下也。加沮字，複辭之故。

二十、劇易，劇也。吳志呂蒙傳，『孫權與陸遜論蒙曰，子明少時，孤謂不辭劇易，果敢有膽而已。』盼遂按權意謂蒙不辭險難，非謂易也。此複辭偏義之最著者。

二十一、向背，背也。宋史三百四十劉摯傳，「摯疏論率錢助役官自雇人有十害。王安石使曾布劾摯（楊）繪欺誕懷向背。詔問狀。摯奮然曰，所謂向背，則臣所向者義，所背者利。所向者君父，所背者權臣」盼遂按曾布所云向背，冒摯有背叛意。實止背字已足。若摯所辨，特就借其字分疏，非原意也。

說文漢語疏

舂麥爲𥽋（示部𥜊讀若舂麥爲𥽋）

段茂堂改爲𥽋之𥽋字作橇，從木，引廣雅『橇舂也，』云『說文無橇字，即舂去麥皮之𦥑也。』王菉友不謂段爲然，曰：『說文主分別。固是眼學。然當時口授，亦兼耳學。舂麥爲𥽋，乃當時諺語。諺語在人口中，未嘗著於竹帛，許君欲以口中之音，識目中之字，本無可疑。王煦欲改爲橇，殊未達也。』按王說極通，實不啻爲說文引諺讀若起例。然段亦未嘗不知此理。髟部䰄，讀若江南謂酢母曰䰄。段注䰄無異字者，方言固無正字。知此俗語；則髮皃之字之音可得矣。此說亦爲明了。獨惜其蔽於舂麥爲橇一條，亦千慮之一失矣。盼遂謂凡讀若所舉俗諺：而必求正字實之，則如楮椵嫼匿蠸諸字下讀若之字，將何以解乎？木部楮讀若驪駕，按楮與驪駕在音理均難溝通，必漢語說驪駕爲某，而某之音與楷相佛仿，然今日則不能知也，榎讀若指撝，桉榎與指撝在音理均難溝通，必漢語說指撝爲某，而某之音與榎相佛仿，然今日則不能知也，學者不能闕疑，往往求通其所不可通，其殆也宜矣。

鼻子（王部皇下今俗以始生子爲鼻子）

按此謂牲嘼生子也。方言十三，『鼻始也，嘼之初生謂之鼻。人之初生謂之首。』許說本此。桂氏謂方言人與嘼字互倒，非也。王章封事羌胡殺首子以盪腸正世（漢書元后傳；又按韓非子二柄十過難一諸篇皆言易牙蒸其首子，以進桓公。）是漢語人之始生謂首矣。洪武正韻鼻先受形之說，蓋不知而作。

畜牧（玉部珛讀若畜牧之畜）

桂氏曰：『禮記與其有聚斂之臣，寧有盜臣。皇侃論語疏引作與畜聚斂之臣。唐書食貨志引作寧畜盜臣。是畜有音相近。』盼遂桉東京初葉，詩文尙不讀珛入幽部韻，（唐韻正上聲四十四有。）據說文珛讀若畜，玖讀若句觀之，知之部字之轉入他部；蓋權輿於和殤安之世矣。

蚼蟒（禾部玤讀一曰若蚼蟒）

人句脊（禾部玖或曰讀若人句脊之句）

按句本當作痀。疒部痀曲脊也。許時或俗讀傴僂者為句脊，與痀音異，因書句以表玖字之音。更知讀若之功，非在推迹本字矣。

莒（艸部莒齊謂芋為莒）

本艸圖經陶隱居注，種芋三年，不采成稆（按稆即莒之異文。）是謂芋莒有異。按芋莒同屬魚部喉音，特稍有深淺之異耳。管子小問紀，『桓公開口而不闔，是言莒也。』桂氏據此文謂齊呼莒同芋矣。

蘺（艸部蘺楚謂之蘺）

本篇蘺下云：『江蘺蘼蕪。』桂氏謂江蘺蘼蕪非一物，宜改曰蘺也，楚謂之蘺。

虈（艸部虈晉謂之虈）

埤倉，齊曰芷，晉曰虈。

茝（艸部虈齊謂之茝）

本草綱目引掌禹錫曰：『范子計然曰：「白芷出齊郡」。』

芰（艸部蔆楚謂之芰）

薢茩（艸部蔆秦謂之薢茩）

王安貧武陵記：『兩角曰蔆，三角四角曰芰。』盼遂按蔆之言棱也，芰之言支也，皆謂支離觚棱之義。薢茩爲曉母雙聲字，亦即支離之意。莊子胠篋篇『堅白解垢同異之變多。』釋文引崔譔司馬彪云：『解垢隔角，或云詭曲之辭。』解垢即薢茩也。荀子儒效『逢衣博帶，解果其冠。』按解果即解垢之音轉，謂章甫之冠棱角峨峩也。魏略崔林論崔琰曰：『大丈夫爲有邂逅耳。』亦謂其厓岸斬絕光餤四注耳。棱蘚苢解垢解果邂逅四詞，並形異而音義同。蘚苢之得名，以其奇偶不仵，猶之棱者名曰菱，支者名曰芰矣。

茚（艸菖蒲也从艸卬聲益州云）

葼（艸部葼青齊沇冀謂木細枝曰葼）

方言二：『木細枝謂之杪，青齊沇冀之間謂之葼，故傳曰慈母之怒子也，雖折葼笞之，其惠存焉。』盼遂按㚇聲之字，多以細小爲義。玉篇『㚇木細枝也。』爾雅釋器『緵罟謂之九罭。』郭璞注：『今之百囊罟是。』詩豳風傳『九罭，緵罟小魚之網也。』說文禾部『稯布八十縷爲稯。』史記孝景紀正義：『緵八十縷也。』詩豳風傳，『豕一歲曰豵，三歲曰豜，』釋文『豵本作猣，』以上諸字，與葼皆一原泉。

莽（茻部莽南昌人謂犬善逐兔艸中爲莽）

徐灝說文解字注箋曰：『犬逐兔茻中，蓋即田獵之事而言，』盼遂按此義不見他書，蓋古語之厪存者。

糗糧（牛部犢讀若糗糧之糗）

咺（口部咺朝鮮謂兒泣不止曰咺）

方言一，『咺痛也。凡哀泣而不止曰咺，朝鮮洌水之間兒泣而不止曰咺。』咺亦作喧。漢書外戚傳『悲愁於邑喧不可止兮。』顏師古注，『朝鮮之間謂泣兒不止爲喧。』錢繹方言箋疏云：『卷十二「爰哀也。」楚辭九章「曾傷爰哀永歎喟兮。」爰喧古同聲通用。』

嘵（口部嘵秦晉謂兒泣不止曰嘵）

方言一，自關而西秦晉之間，凡大人小兒泣而不止謂之嘵。哭極音絕亦謂之嘵。平原謂啼極無聲謂之嘵哴。郭注，今關西語亦然。謂晉時關西亦謂啼極無聲爲嘵哴也。盼遂按嘵短言之。嘵哴則舒气長言之耳。

噭咷（口部咷楚謂兒泣不止曰噭咷）

方言一，楚謂之噭咷。曲禮勿噭應。鄭注，噭號呼之聲也。公羊昭二十五年傳。昭公於是噭然而哭。何休注噭然哭聲皃。是噭咷亦可單言噭也。字亦作號咷。易同人九五，旅上九，皆言號咷。太玄樂次三，號咷倚戶。皆謂泣不止也。

喑（口部喑宋齊謂兒泣不止曰喑）

方言一，宋齊之間謂之喑。郭璞音廕。按喑之言瘖也。謂瘖啞不成聲也。聲轉作嗄。莊子庚桑楚兒子終日嗥而嗌不嗄。釋文引司馬彪曰，楚人謂啼極無聲爲嗄。知此語不限於宋齊之域矣。

咦（口部咦南陽謂大呼曰咦）

段注，大呼太息也。按言部，誒可惡之詞也。欠部，欸訾也。史記項羽本紀范增曰：唉豎子不足與謀。唉即太息之聲。咦與誒欸唉皆形異而聲義同也。詩周頌傳噫歎也。言部譆痛也。檀弓注譆悲恨之辭。以上三與咦亦有聲義相關之理。

　呬（口部呬東夷謂息爲呬）

方言二，呬息也。東齊曰呬。爾雅釋詁郭注，今東齊呼息爲呬也。據此則東夷爲東齊誤字。詩邶風大雅毛傳並云：塈息也。說文尸部屓臥息也。呬與塈呬同音虛器反。故字得通用矣。釋詁某氏注，引詩民之攸塈作民之攸呬，玄應一切經音義卷一云：屓今作呬同。皆其證矣。

　井汲綆（口部㖡讀若井汲綆）

按土部「埂亦讀若井汲綆，」糸部『綆汲水綆也。』方言五『繘自關而東周洛韓魏之間曰綆。』知井汲綆三字爲漢時方語矣。

　髺結（走部趌讀若髺結之結）

桂氏云：『髻結聲相近，今俗謂打結，聲如薊。』盼遂按髟部髺喪結也。絜髺結也。絜正字，結借字。用借字者便俗也。

小兒咳（走部趯讀若小兒咳）

按咳今孩字。稱小兒爲咳今猶然矣。

無尾之屈（走部趯讀若無尾之屈）

按本書尾部，『屈無尾也。』淮南子原道『悦兮惚兮用不屈兮。』高注，『屈讀秋雞無尾屈之屈』方言九『隆尾。』郭音尾屈。據上三事可證尾屈連文。之字乃淺人所沾。今吾鄉斥鴨雞之短尾高喬者曰，尾把屈。屈作瞿勿反。與屈申之屈迥別。楚辭招魂『七伯九約。』王逸注『約屈也。』呂氏春秋本味篇，肉之美，旄象之約。高注『飭也。』按約亦屈也。皆斥其尾也。（玉篇屈短尾也，）又疑約爲要之借字。（說文節竹約也，猶竹要也；漢書高紀，定要束耳，顏師古注，要亦約，按史記作約束，）今人謂內腎曰要，豬要雞要皆爲佳膳。亦古語也。

退（辵部退往也齊語）

方言一，徂往也。徂齊語也。爾雅釋詁徂往也。亦通作殂。歺部殂往死也。亦通作且。詩鄭風溱洧篇，士曰旣且。釋文音徂，云往也。又出其東門篇，匪我思且，箋曰，匪我思且，猶非我思存也。釋文且音徂。

適（辵部適之也宋魯語）

方言一，適往也，適宋魯語也。桂氏曰，論語亦之適齊也。又子適衞。皆魯語也。盼遂按桂說太泥。

迎（辵部逆關西曰迎）

逆（辵部逆關東曰逆）

方言一，逢逆迎也。自關而西或曰迎，或曰逢，自關而東曰逆。爾雅釋言逆迎也。按迎逆牙音疑母雙聲，得以通用。於古或一字也。書禹貢同爲逆河，今文尚書作迎河（漢書溝洫志。）此逆迎同字之證矣。

遻（辵部遻遌也晉趙曰遻）

迣迾古通，泰部疊韻字。漢書禮樂志，迣萬里。晉灼曰：迣古迾字。鮑宣傳男女遮迣。晉灼曰：迣古列字。按列亦迾字也。

逞（辵部逞楚謂疾行爲逞）

方言三，逞疾也。楚曰逞。卷二，逞快也，江淮陳楚間曰逞。盼遂按吾鄉俗形容人之疾步者曰，逞禽。音如挺。馬疾行謂之騁。說文馬部，騁直馳也。亦受聲義於逞矣。

掉苕（辵部逴讀若掉苕之掉）

段氏曰：掉苕未聞，或曰：苕者末也，禽獸之趠於木末曰掉苕。蓋漢時語。按段引或說謬。掉苕疊韻連綿字。

蹠（足部蹠楚人謂跳躍曰蹠）

方言一，跳也，楚曰蹠。

卙（十部卙汝南名蠶盛曰卙）

方言三，斟協汁也，北燕朝鮮洌水之間曰斟。按斟為戡之借字。謂衆多而和同也。段氏曰，今江蘇俗語多云：蜜戡戡，音如蟄。徐灝曰：粵語亦然。

訦（言部訦燕代東齊謂信曰訦）

方言一，信燕代東齊曰訦。本書手部，抌讀若告言不正曰抌。亦即此訦字。以相反為義，猶之孅謹也，而人之不謹，俗語亦稱孅矣。許君於手部抌主明字音，故不暇考其本字矣。

正月（言部證讀若正月）

史記秦始皇本紀，以秦昭王四十八年正月，生於邯鄲。及生，名為政。張守節正義曰：「正音政，周正建子之正也。始皇以正月旦生於趙，因為政。後以始皇諱，故音征。」許君時言正月之正，當仍如征。（按至今日尚呼正月如征月，）則證讀若征矣。

謳（言部謳齊歌也）

太平御覽樂部引古樂志，齊歌曰謳，吳歌曰歈，楚歌曰豔，淫歌曰哇。漢書樂志，齊謳員六人。文選吳趨行齊娥且莫謳。五臣注，齊娥齊后也，善謳歌。人皆采以為曲。凡此皆齊謳之證。

反目相睞（言部詯讀若反目相睞）

按反目猶回顧也。睞為覫假。目部覫內視也。

謬欺（言部譎益梁曰謬欺）

譎（言部譎天下曰譎）

方言三，膠譎詐也。涼州西南之間曰膠。自關而東西或曰譎，或曰膠。按膠即謬也。膠謬聲同義近，古字通。廣雅釋詁三，謬譎詐膠欺也。蓋據方言存膠字。據說文存謬字。非謂膠謬二字皆出方言也。錢氏箋疏謂謬字脫，因補謬字於膠下，殆失之矣。

訏（言部訏詭譌也齊楚謂信曰訏）

按訏本詭譌，而方語又得為信者，以相反為義，循爾雅苦快肆故之例也。玉篇引說文，齊謂大言曰訏。似說文信字為大言之譌。凡從于之字皆有大意。爾雅釋詁，訏大也。方言一，訏大也，中齊西楚之間曰訏。段氏據此謂許引方語多本子雲，則信當為大之誤字。按段說亦近是。然信誤為大言易，誤為大難。不如前說之安也。

⿰言口癹（言部⿰言口扣也如求婦先⿰言口癹之）

徐楚金通釋曰，此引當時俗語為證。⿰言口癹猶言叩嗑之也。按叩嗑之為南唐時俗語。

心中滿該（言部該讀若心中滿該）

顧千里說文解字校錄云：該當作侅。韓非子曰：若人之有腹心之病也，則侅然。此所謂心之滿侅也。桂未谷從其說。盼遂按許書讀若類引俗諺，非主於求正字。如扰下讀若告言不正曰扰，不作正字之訛，是矣。解者於此等處，往往未之瞭也。

書卷（𠬞部𢍏讀若書卷　䀠部𥄎讀若書卷之卷）

按以帛寫書，始於周季，而盛於兩漢。故漢藝文志所記書籍，大半以卷稱。書卷之得名，在此時也。

爨（爨部爨齊謂炊爨）

騁蹷（革部鞡讀若騁蹷）

本書虫部蚩，从屮聲，讀若騁。按唐韻屮丑列反，騁丑聘反，舌上雙聲相轉也。段氏據蚩讀若騁，謂此文多蹷字，或當爲又讀若蹷也。盼遂謂騁蹷蓋當時俗語。且蚩蹷二音亦無交通之理。段說非是。

絡鞮（革部鞮革履也胡人履連脛謂之絡鞮 據韻會引）

鬻（鬲部鬻陳留謂饘曰鬻）

鬻（鬲部鬻涼州謂鬻曰鬻）

三合繩糾（門部䵷讀若三合繩糾）

本書系部，糾三合繩也。䵷從黽，得讀若糾者。許君時之部字已多讀幽部音矣。

敪（又部敪楚人謂卜問吉凶曰敪）

今再鄉凡卜問吉凶玩其繇辭曰：敪籤。音讀舌頭。錢獻之說文校議據儀禮士冠禮注筮所以問吉凶，謂敪即筮字。然二字韻部絕遠，殊難爲一。

叔（又部叔汝南名收芋爲叔）

詩豳風九月叔苴。傳叔拾也。按叔收二字聲義亦近。

聿（聿部聿楚謂之聿）

不律（聿部聿吳謂之不律）

弗（聿部聿燕謂之弗）

踋遂按聿律弗筆四字同在古音脂部。且筆從聿受聲，弗筆並屬脣音。惟聲等略異。則四字由方音不同，非異字也。爾雅釋器不律謂之筆。郭注蜀人呼筆爲不律。變吳人爲蜀人者，方言時有流轉，不常厥居。郭氏注方言有廣地之例，亦猶然矣（本師王君書郭注方言後二）。桂氏義證謂不律猶丁令爲鈴，終葵爲椎。不疑當爲丕也。盼遂按不爲發聲詞。究無實義。猶毛公詩傳雖夫不，爾雅釋魚左倪不類右倪不若之不矣。

筆（聿部筆秦謂之筆）

戴侗六書故曰：蒙恬始束豪爲筆。古今注，牛亨嘗問曰：蒙恬以前所謂蒼豪，非兎豪竹管也。盼遂按古之聿惟用刀削。至秦以竹管，書文飾。乃於聿上加竹字以示別。形雖增華，音義仍舊。謂宜列爲聿之重文或體，可也。

𦘔（聿部𦘔俗語以書好爲𦘔）

鑋鏘（臤部臤讀若鑋鏘之鑋）

按本書無鑋鏘字。知鑋鏘爲彼時俗語矣。又按禮樂記已見鑋鏘字。

矔（目部矔益州謂目曰矔）

方言六矔轉目也，梁益之間瞋目曰矔。轉目顧視亦曰矔。

眮（目部眮吳楚謂瞋目顧視曰眮）

方言六眮轉目也。吳楚曰眮。段注，瞋視，顧視，是二事。吳楚通謂之眮也。

盱（目部盱朝鮮謂盧童子曰盱）

方言二黸瞳之子燕代朝鮮洌水之間曰盱。按本部𥌃盧童子也。盧者黸之借字，後或單稱作矑。楊子雲甘泉賦，玉女亡所逃其淸矑兮。服虔注，矑童子也。矑即黸矣。弟盱爲目瞳，義不多見。朱允倩疑俗眸子字爲盱之譌，盱之訓義，爲眸假冒以行。說頗近是。

睎（目部睎海岱之閒謂眄曰睎）

方言二睎眄也，東齊青徐之閒曰睎。通作希。莊子讓王篇，希世而行。

後漢書黨錮傳，海內希世之流迻共相標榜。司馬彪及李賢注皆云：希望也。

按希睎聲義並同。

瞯（目部瞯江淮之間謂視曰瞯）

方言二瞯眄也，吳揚江淮之間或曰瞯。

眄（目部眄一曰袤視也秦語）

方言二，自關而西秦晉之間曰眄。古樂府豔歌行，夫婿從外來，斜柯西北眄。此用眄之本意也。後多假盼字爲之。

睇（目部睇南楚謂眄曰睇）

方言二，眄睇也，陳楚之間南楚之外曰睇。

畜牲（鼻部齅讀若畜牲之畜）

雅（隹部雅秦謂之雅）

按唐韻疋雅古音伍。與烏喉音雙聲，魚部疊韻，本非乖異。淮南子原道烏之啞啞，鵲之唶唶。唶唶以象鵲聲，與䧿同音。則啞啞以象烏聲，啞烏雌同聲亦明矣。知兩漢時啞尙讀五戶反也。啞鴉同聲鴉即雅字。（莊子齊物論釋文雅本亦作鵶）知雅與烏音相同矣。

孽岸（屵部屵讀若孽岸之孽）

段氏曰：孽岸未聞，孽當作屵。盼遂謂孽岸，許引俗語，難案本字。

大𣨙（歺部𣨙俗謂死曰大𣨙）

按𣨙弃也，（本條下文）非也。（廣雅釋詁）死乃其引申之義。亦通作奇。黃帝素問有大奇篇，皆言人之死證。

䑋（肉部䑋益州鄙言人盛諱其肥謂之䑋）

方言二䑋盛也。秦晉或曰䑋，梁益之間凡人言盛及其所愛偉其肥晠，謂之䑋。錢氏箋疏曰，漢書鄒陽傳晉灼注，引方言偉作諱是。今本作偉，乃後人因前卷碩沈巨濯大也條內有愛偉二字連文，而妄改也。盼遂按錢說非是。

說文此條諱字亦偉字之訛。愛偉者驚訝歎美之詞。方言一，自關而西秦晉之間，凡物之壯大者而愛偉之謂之夏，及愛偉其肥嘁謂之䐢。皆是。愛偉遺語今尙存於江淮之間，俗作哎唷。說文單言諱，諱亦愛偉字也。惡有稱人大，稱人肥，而以爲諱者。錢說殆失之矣。盧抱經校方言曰，今俗閒於小兒猶然。江淮人謂質弱力薄者爲䐢。亦語之反也。錢子樂云：今吳俗謂皮裏肉外白脂曰䐢。盼遂謂今吾鄉稱人之優渥自得者曰䐢。音正讀如兩反。此眞古之遺語矣，

脙（肉部脙齊人謂臞脙）

爾雅釋言，臞脙也。郭注齊人謂瘠瘦爲脙。玉篇齊人謂瘠瘦爲脙。郝蘭皋爾雅義疏云：今驗蛷螋之蟲腹甚瘠瘦。廣雅謂之蛷螋。博物志謂之臞螋。與臞脙瘦聲義並同。盼遂按古音幽侯最近。臞脙又羣母雙聲，得互轉矣。

腒（肉部腒北方謂鳥腊曰腒）

盼遂按腒之爲言倨也。鳥腊愊脡直，名曰腒。與肉之屈曲者名曰朐，同一例矣（何休公羊注）。鄭注內則曰：腒乾雉。亦言其一耑耳。

魝（刀部魝楚人謂治魚）

段注曰：魝爲治魚，蓋楚語。盼遂按爾雅釋器，魚曰斮之，郭注謂削鱗。李巡本同。內則作作之。云作之魚骨小無所去。皆言治魚事也。今吾鄉治魚曰魝（讀鍥平聲）

箬（竹部箬楚謂竹皮曰箬）

段注云：今俗云筍籜箬，是也。

篇（竹部篇關西謂榜曰篇）

本書冊部，扁署也，從戶冊。戶冊者署門戶之文也，即榜額之意。關西不言扁而言篇者，聲音輕重之分耳。

籍（竹部籍秦謂筥曰籍）

段氏曰：方言簇南楚謂之筲。郭注盛飯器也。按簇即筥字，筲即䈰字也。盼遂按段注甚塙。廣雅䈰簇也：即謂說文之䈰為方言之筲也。章太炎新方言六云：今淮南謂飯筥為䈰箕，䈰音如消。知此語今猶存矣。

䈰（竹部䈰陳留謂飯帚曰䈰　宋魏謂箸筩曰䈰）

盼遂按吾鄉俗謂飯帚曰䈰把，洗飯斛水曰潲水。此漢語之存於今者。方言五，箸筩陳宋楚魏之間謂之筲。筲與䈰通，猶其與潲通矣。箸筩曰筲，劍室曰削，（俗作鞘），其受聲義一也。

牆居（竹部篝宋楚謂竹篝牆居）

方言五，篝陳楚宋魏之間謂之牆居。廣雅釋器熏篝謂之牆居。辭章家謂之熏籠。今俗謂之烘籃。

笘（竹部笘潁川名小兒所書寫爲笘）

按所下似敓以字，所以書寫者籥也。潁川人名之曰笘耳。桂氏據玉篇有笘篇字，謂寫當作篤。非是。本部籥書童竹笘也。廣雅釋器笘觚也。陸機文賦，李善注，觚木之方者。古人用之以書。猶今之簡也。是又有籥與觚之名矣。

甹（丂部甹三輔謂輕財者爲甹）

本書人部，俜俠也。俜即甹之增偏字，史記季布傳爲氣任俠。集解，俠甹也。今通語謂輕生爲甹命。山東曹沇間謂輕標豪舉亦曰甹。

饘（食部饘周謂之饘）

餬（食部饘宋謂之餬）

慷弓音義初學記並引作宋衛謂之𩱛。鈕非石說文校錄云：𩱛爲饘之重文（據玉篇）。故周謂之饘與宋謂之𩱛，本屬一字，非有異也。自𩱛訛爲餬，不易明其義矣。

餥（食部餥陳楚之間相謁食麥飯曰餥）

方言一餥食也，陳楚之內相謁而食麥饘謂之餥。麥飯者，急就篇餅餌麥飯廿豆羹。顏師古注，麥飯麥合皮而炊之也。周官籩人鄭注，今河間以北煑種麥賣之名曰逢蓌，是也。今固始縣人相聚盛饌，名之曰飲餈。

風瀌瀌（食部餜讀若風瀌瀌）

段氏曰：風瀌瀌未聞。禾部穮讀若風廉之廉，未知孰是。嚴鐵橋說文校議云：風疑作水。潘安仁寡婦賦水瀌瀌以微凝。朱允倩說文通訓定聲曰，風瀌瀌微波之貌。盼遂謂風瀌瀌蓋當時俗語。存之區蓋可也。

饟（食部饟周人謂餉曰饟）

本部餉饟也。饟餉用也。知饟爲野饋之專矣。饟說文人漾反。爾雅釋詁饟饋也。詩周頌其饟伊黍。釋文並云饟式亮反，與餉同音。廣韻去聲四十一漾餉饟同在式亮紐中。知此二字音義無殊，而別爲二形。亦循轉注造字之軌耳（韓非外儲說左上經，求其誠者非歸餉也不可，說中作歸饟，漢書顏注中，云饟古餉字者，凡十餘見，皆古餉饟一字之徵）。

飵（食部飵楚人謂相謁食麥曰飵）

方言一，飵食也，相謁而食麥饘楚曰飵，陳楚之郊南楚之外相謁而餐或曰飵。盼遂按飵之言酢也。酉部酢客酌主人也。蒼頡篇客報主人曰酢。酢亦醋也。飵即主客酬醋，與醋同受聲義矣。

𩞁䭓（食部𩞁秦人謂相謁而食麥曰𩞁䭓）

徐楚金曰，相謁，相見後設麥飯爲常禮，如今人之相見飲茶也。方言一，相謁而食麥饘，秦晉之際河陰之間曰𩞁䭓。此秦語也。郭注今關西人呼食欲飽爲𩞁䭓。盼遂按𩞁䭓爲諄部疑母雙聲。

恚人（食部𩞄讀若楚人言恚人）

盼遂按許君意謂楚人言恚人其詞如𩞄。非謂𩞄讀恚或讀人也。匚部匿讀若羊騶箠。羊騶箠者笍也。則匿讀若笍。非謂讀若羊也騶也箠也。舉此一事，餘可隅反。或乃執𩞄讀恚，纖繞申證，失之迂矣。

餽（食部餽吳人謂祭曰餽）

決引（𦎫部⿰𦎫夬讀若拔物爲決引也）

葍（舜部舜楚謂之葍）

爾雅釋艸葍蔓。郭注，大葉，白花，根如指，正白，可啖。葍藑茅。郭注，葍花有赤者爲藑。藑葍一名耳。如郭注是葍藑同物，名隨色移。許不同雅詁者，本當時方語爲說也。

藑（舜部舜秦謂之藑）

罤（弟部罤周人謂兄曰罤）

詩十五國風，惟王風葛藟篇，謂他人昆。傳云：兄也。是周人謂兄爲罤之證。盼遂按親戚稱謂本出自語詞。兄部兄茲也，語詞。後借爲先生者之稱。罤則由兄更造分別文，非先生者之本字也。兄屬喉音，故與罤得聲近相轉矣。

乃（乃部乃秦以市買多得爲乃）

玉篇，乃多債利也。桂氏據此謂市買爲市賈之譌。盼遂按乃兼買賣二義。本條下引論語求善價而乃諸，謂賣也。詩曰我乃酌彼金罍，謂買也。又按乃與賈聲韻相同。賈亦兼買賣二義。頗疑乃即賈之孳乳字，由秦音而造也。

釗（廣韵尤部引說文關西呼鐮爲釗）

榱（木部榱秦名爲屋椽周謂之榱）

按秦名屋椽爲榱句，文宜改作「榱，秦名屋椽也。周謂之榱。」榱爲椽之誤。段氏據周易左傳釋文引改，是也。

桷（木部桷齊魯謂之桷）

徐鼎臣曰：春秋刻桓宮桷。左傳刻桓宮之桷。以此見齊魯謂之桷也。盼遂按詩閟宮松桷有舄，亦魯詩也。

楣（木部楣秦名屋櫋聯也）

段氏曰：秦人名屋櫋聯曰楣也。

櫓（木部楣齊謂之櫓）

按厂部产下云：一曰屋梠也，秦謂之桷，齊謂之产。段注云：齊人或云櫓或云产也。段此說甚是。反觀木部楣下乃改櫓作产，專求合於厂部。則自爲雌黄矣。蓋产古字，櫓後世增纍字也。徐氏灝又復說产爲危，以譏段氏。不足以服其心也。

梠（木部楣楚謂之梠）

杇（木部杇秦謂之杇）

槾（木部杇關東謂之槾）

金部又有鏝字，云鐵杇也。是漢時圬者所用槾具，本有金木兩種。今人則以金制者如桐葉。以木制者狀如半月。名曰泥鏝子。鏝讀如某。

蕩（木部桱桯也東方謂之蕩）

方言五，榻前几，江沔之間曰桯。廣韻桯他丁反。今作凳，讀舌頭音。東方謂桯爲蕩，實同聲假借耳。

𣎵（木部𣎵兩刃臿也宋魏曰𣎵）

方言五，臿宋魏之間謂之鏵，𣎵鏵同字。（一切經音義引古文官書）淮南鴻烈精神訓，高注，青州謂之鏵。三輔謂之鍤。是當時呼𣎵者不獨宋魏已也。許君特舉其一區耳。今吾鄉呼犂館爲犂𣎵，音如華。則以今犂館之形與古臿形相合故也。

梠（木部梠臿也一曰徙土輂齊人語也梩從里）

方言五，臿東齊謂之梩。段注說文云：一曰徙土輂五字當在齊人語也下，方與方言合。

鎡錤（木部欘齊謂之鎡錤）

孟子齊人有言曰：雖有鎡基，不如待時。趙注，田器耒耜之屬。知鎡錤爲齊語矣。倉頡篇周官薙氏注作茲其。漢書樊酈滕灌傅靳周傳贊作茲基。爾雅釋文引說文作茲箕。並字異而音義同也。又按鎡錤爲古韻之部疊韻連綿字。

柍（木部枷淮南謂之柍）

方言五，僉齊楚江淮之間謂之柍。注云：僉今連枷，所以打穀者。廣雅釋器，柍杖也。按柍之爲言抰也。說文手部，抰車鞅繫也。廣雅釋詁抰擊也。今吾鄉呼連枷爲連僉，音如儉。

驪駕（木部楷讀若驪駕）

段茂堂曰，楷讀若驪駕之驪。清支二部合韻。王貫山曰蓋謂讀若駕也。桂未谷於讀若之下，引集韻楷居迓反。蓋亦同王說。朱允倩曰：許意謂讀若參也。猶參之讀若森矣。森省雙聲字。徐灝曰。讀若驪駕疑有誤。以上諸家各執一說，莫定其是。盼遂按皆坐未通許書讀若之例耳。蓋漢人說驪駕爲某。必有某字在人口耳之中。某之音同於楷。許故舉某之音以況楷。非謂驪或駕之音等於楷也。他若黜嫚匽鑼援諸字之讀若。皆此例矣。

槌（木部槌關東謂之槌）

方言五，槌自關而西謂之槌。錢氏箋疏曰：槌之言縋也。說文縋以繩有所縣鎮也。

㭙（木部槌關西謂之㭙）

方言五，槌齊部謂之㭙。盼遂按說文關東關西東西二字互倒。宜作關西謂之槌，關東謂之㭙也。王貫山乃謂方言關西當作關東，失之甚矣。㭙之爲言峙也。與栚之爲橫槌者對文。禮記月令具曲植籧匡。注，植槌也。段植爲峙。則㭙之爲峙，更可知矣。

㯷（木部栚關西謂之㯷）

方言五，槌東齊海岱之間謂之繏。繏與㯷同。說文本之。則西疑爲東之誤也。横者謂之𣟴，與樂廣横者曰筍，同矣。筍又作簨。

楥（木部楥讀若指撝）

已詳上文吞麥爲蠡條。或謂楥與撝爲歌寒陰陽對轉。然許不言指撝之撝，恐亦非是。

終葵（木部椎齊謂之終葵）

周禮考工記玉人注，終葵椎也。廣雅釋器柊楑椎也。按終葵即椎之反語。

柿（木部柿陳楚謂櫝爲柿）

一切經音義引三倉云：今江南謂斫削木片爲柿。說文櫝訓匱。兩義相遠，此文櫝當是牘之誤字。吾鄉俗謂札樸爲樹柿材。

唫唫（日部㬎讀若唫唫）

按唫唫漢語，蓋其音與㬎字有會，與單言唫者異。故必舉唫唫重言以擬㬎音。許君于讀若。期其通俗。固不嫌有俗字有俗讀也。段桂王朱四家之說，各持一耑。因其于讀若之例有所未澈故爾。

錁（多部錁齊謂多爲錁）

本書先部既讀若楚人名多錁。方言一，凡物盛多齊宋之郊楚魏之際曰錁。說文于多部言齊，先部言楚，各舉一地也。

私主人（禾部私北道名禾主人曰私主人）

段氏曰：北道蓋漢時語。按私主人亦漢時語，絕不見於他書者。

稬（禾部稬沛國謂稻曰稬）

爾雅釋艸稌稻。郭注今沛國呼稌。是漢晉口語遞變。故音隨之轉耳。今吾鄉讀稬稻音如懦。齊民要術，糯米，俗云亂米。盼遂按稻稬稌糯亂皆由舌聲之轉變故也。

風廉（禾部穮讀若風廉）

按風廉二字，亦漢語。當與食部之風溓溓有關。

䅘（禾部䅘齊人謂麥䅘）

段氏朱氏皆謂䅘爲來之俗。盼遂按來䅘麥三同義。蓋來兼瑞麥行來二義。後因行來義造麥字，（朱允倩謂麥爲爾雅徠字）因瑞麥義造䅘字，所以示別。方國皆以行來之麥代瑞麥字。惟齊語尚存䅘之音義耳。

𥤶戶（穴部𥤶北方謂地空因以爲土穴爲𥤶戶）

爾雅釋室𥤶窟也。按地空者，應劭注漢百官表曰，空穴也，司空主土。古者穴居，主穿土爲穴以居人也。

㝱（㝱部㝱楚人謂寐曰㝱）

寣（㝱部寣一曰河內相呼也）

段注，呼者召也，相召曰寣。如言咄少卿良苦，嘍大姊之比。河內人語如此。

溝洫（疒部𤸷讀若溝洫之洫）

按𤸷古音在之部，洫在脂部。得相通者，漢時二部已不甚分也。

痛瘌（疒部瘌楚人謂藥毒曰痛瘌）

方言三，凡飲藥而毒，南楚之外謂之瘌。爾雅翼引說文曰，瘌音辛辣之辣。盼遂按今通語物之味辛澀口者曰瘌。俗作辣。

癆（疒部癆朝鮮謂藥毒曰癆）

方言三，凡飲藥傅藥而毒者，朝鮮之間謂之癆。郭注，癆瘌皆辛螫也。本書口部，嚛食辛嚛也。盼遂按瘌癆嚛三皆一語。今通語飲藥而毒曰癆，讀勞去聲。

艸苺苺（冃部冃讀若艸苺苺）

注家多謂文有譌誤。實未通讀若之例。蓋漢語艸姆姆猶人部僷下所舉之華僷僷矣。

帔（巾部帔弘農謂帬帔也）

方言四，帬陳魏之間謂之帔。按此皆言下裳之帬帔也。至方言繞衿謂之帬，廣雅釋器，繞領，帬帔也。所謂帬帔則方言所名為帍裱，與此處之帬帔大別，未可混視之也。

帉（巾部帉楚謂大巾曰帉）

禮內則紛帨。叚紛為帉。注今齊人有言紛者。則亦齊語也。方言四，大巾謂之帉。則又為通語也。按帉之言頒也。說文頒大頭也。凡從分字多有大意，其原蓋出於墳。錢氏謂方言帉根於汾，失之。

末殺（巾部幭讀若末殺之殺）

按幭殺一聲之轉。漢書谷永傳欲末殺災異，滿讕誣天。師古曰末殺掃滅也。（釋名，摩挲猶末殺也，手上下之言也，）

𢅦（巾部𢅦楚謂無緣衣）

本書衣部，襤無緣衣也。方言四，楚謂無緣之衣曰襤。又曰，以布而無緣敝而紩之謂之襤褸。許意蓋謂襤褸同字，特因偏傍而隸二部耳。按幨之言襤也，鶉衣百結象襤褸也。

帣（巾部帣今鹽官三斛爲一帣）

段氏曰：舉漢時語證之。

水温䵳（巾部⿰巾憂讀若水温䵳也）

按水温䵳三字漢語。今吾鄉謂不暖不寒所温䵳䵳。䵳作端村切。

倩（人部倩東齊壻謂之倩）

方言三東齊之間聲謂之倩。史記倉公傳黃氏諸倩。徐廣注倩者壻。按倉公齊人，故操齊音矣。倩之爲言婧也，亦言請也。郭注方言曰言可借倩，即謂倩爲請字之借矣。

華㒓㒓（人部㒓宋衛之間謂華㒓㒓）

方言二，奕僷容也。凡美色謂之奕，或謂之僷，宋衞曰僷。注奕奕僷僷皆輕麗之貌。廣雅釋訓僷僷容也。王氏疏證引漢先生郭輔碑，葉葉昆嗣，福祿茂之。葉葉即僷僷也。

儋（人部儋自關以西物大小不同謂之儋）

方言六儋袤也。自關以西凡物細大不純者謂之傜。傜即儋之隸變。錢氏箋疏據初學記引韓詩章句云，有章句曰歌，無章句曰謠。無章句者謂聲之長短高下有不齊也。歌高下不齊謂之謠，猶乎物大小不齊謂之儋矣。盼遂按許書列儋於俄傛之間，蓋以物之大小不同爲正義矣。

萆（衣部衰秦謂之萆）

按本書艸部，萆雨衣，一曰衰衣。不稱秦語。萆之爲言裨也。衣部裨接益也。雨衣衰衣多加於上衣之表，成裨益也。

襍（衣部襍西楚謂禪衣曰襍）

方言四，禪衣江淮南楚謂之褋。按褋之言枼也。木部枼部也。楚辭九歎遺余褋兮澧浦。墨子公輸篇，子墨子以褋爲械。二書皆操南音也。

耿介（老部耇讀若耿介之耿）

按耇耿於音理難以相通。此蓋漢語。三國蜀志，簡雍傳，裴注，雍本姓耿。幽州人語謂耿爲簡，遂隨音變之。耇音近簡，故亦讀耿。

舳艫（舟部舳漢律名船方長爲舳艫）

段氏曰：方長當作方丈。史漢貨殖傳，皆曰船長千丈。注者謂總積其丈數。蓋漢時計船以丈。每方丈爲一舳艫也。

夥（旡部𣄢讀若楚人名多夥）

詳上夥條下。

鬕（髟部鬕讀若江南謂酢母爲鬕）

案周禮媒氏鄭注齊人名麴麩爲媒。鬕即媒之借音。許君於讀若，重擬其音，不暇探其正字也。

寫書（卩部卸讀若汝南人寫書之寫）

案寫書即著之於書之意。與發寫之義略別。

隓（山部隓讀若相推落之隓）

按漢時謂推落曰隓。其音如隓，其字則無也。許君以山隓隓之音同於俗語中隓落之音，故取以相況。非謂隓即推落之字也。後世別作隳作墮皆俗字。

厃（厂部厃一曰屋梠也秦謂之桷齊謂之厃）

已詳前桷條。

豰（豕部豰上谷名豬豰）

初學記太平御覽引豬下有曰字，是也。

𧰨（㣇部𧰨河內名豕也）

趙宧光說文長箋曰，當是河內名豕曰彖也。按豕彖同屬古音脂部，特以聲有輕重而分耳。

玃猨（犬部猨南越名犬玃猨）

按玃猨疊韻連綿字。今通呼狗之長豪者曰玃猨狗。惟猨因雙聲轉讀若師，遂昧其語原耳。

獡（犬部獡南楚謂相驚曰獡）

方言二，獡透驚也，宋衞南楚凡相驚曰獡。朱允倩云：獡爲蜡之借。說文蜡驚貌。按朱說非也。獡本義爲犬獡獡不附人也。不附人即驚獷之意。用爲相驚詞者，由引申之義耳。

猷（犬部猷隴西謂犬子爲猷）

按猷之言幼也，幼小也。

黸（黑部黸齊謂黑爲黸）

玉篇齊人謂黑爲黸。按從盧字多有黑意。目瞳子謂之矑，以其黑也。黑犬謂之盧。黑水謂之瀘。黑土謂之壚。字亦作玈，弓矢之黑者曰玈弓曰玈矢矣。

緅黯（黑部黯讀若染繒中束緅黯）

飴登（黑部黱讀若飴登字）

淮南時則訓天子衣苑黄。高注苑讀登飴之登，許言飴登，高言登飴，皆漢語也。吳師道注國策曰：古語只稱菽，漢以後方言豆（說文尗部，豉，俗枝從豆，知豆爲漢時俗字也。）知登字爲漢字，飴登爲漢語矣。

芥荃（黑部黨讀若以芥爲齏名曰芥荃也）

本書艸部荃芥脃也。

蔽人俾夾（亦部夾盜竊褱物俗謂蔽人俾夾）

接夾古通陝，亦通閃。班昭文，視聽陝輸。趙壹文，鑠納由於閃榆。木華賦，罔象暫曉而閃屍。陜輸閃榆閃屍皆謂反覆不定之貌。唐宋以後別作閃鑠。皆蔽人俾夾之意矣。

幸（幸部幸一曰俗語以盜驚不止曰幸）

伴侶（扶部扶讀若伴侶之伴）

按說文無侶字。伴訓大也。徐灝曰：許稱伴侶，用通俗語也。

憮（心部憮愛也韓鄭曰憮）

方言一，憮愛也，韓鄭曰憮。又曰憮愛也，宋衞邠陶之間曰憮。字通作㥔。爾雅釋詁㥔愛也。郭注云：㥔韓鄭語。按某無同聲通用。

惏（心部惏河內之北謂貪曰惏）

方言一，晉魏河內之北謂綝曰殘，楚謂之貪。卷二惏殘也，陳楚曰惏。本書女部婪貪也。按綝婪惏三古通用，僖二十四年左傳釋文及正義並引方言殺人而取其財曰綝。綝本訓貪。貪則殘矣。

慭（心部慭楚潁之間謂憂曰慭）

爾雅釋詁悝病也。悝慭字通。

悼（心部悼陳楚謂懼曰悼）

按檢之羣書，悼無懼意。宜從方言改懼爲哀。方言一悼哀也，陳楚之間曰悼，秦晉之間或曰矜，或曰悼。又曰悼傷也，秦謂之悼。許君引俗語多采方言，知懼爲字之誤也。桂未谷乃謂方言哀當爲懼。殆顚倒矣。

㥏（心部㥏靑徐謂慙曰㥏）

方言六：㥏慙也。荆揚靑徐之閒曰㥏，若梁益秦晉之間言心內慙矣。郭注㥏音腆。按㥏之言腆也。腆㥳也。詩何人斯有靦面目，謂慙也。

泔（水部泔周謂潘曰泔）

漊（水部漊汝南謂飮酒習之不醉曰漊）

段氏曰：不善飮者，每日飮少許，久久習之漸能不醉。汝南曰漊也。盼

一九四

逯按吾鄉俗謂沈湎於飲者曰：酒漊子。古語猶存矣。（息縣於漢爲汝南郡地，）漊蓋由鏤字衍出，靜安師說。

涾（水部涾今河朔謂沸溢爲涾）

曰部沓語多沓沓也。孟子泄泄猶沓沓也。是沓本爲沸溢之意。涾從沓聲，亦猶沓矣。木華海賦李善注涾涾相重之貌。按亦沸溢之意也。

潣（水部潣海岱之間謂相汙曰潣）

方言三，潣洿也。東齊海岱之間曰潣。按潣即涽字。本部涽泥水涽涽也。

霣（雨部霣齊人謂雷爲霣）

廣雅釋天霣雷也。按霣雷脂諄陰陽對轉字。雷之言回也。霣之言運也。

𩃬（雨部𩃬南陽謂霖爲𩃬）

按𩃬與霖爲侵部疊韻字。聲有輕重而形遂，實非異字。經典皆假淫爲之。

霄（雨部霄雨霓爲霄齊語也）

按霓者霰之或字。霄霰一物而二名。霄之爲言消也。霄爲凝雨，著地六出。若霰則先雪而集，下遺即消，故名霄矣。

鮪（魚部鮔周洛謂之鮪）

鮔鮵（魚部鮔蜀謂之鮔鮵）

今本說文魚部鮔下云：「周禮謂之鮔，」段氏據史記李奇注：改之如此，今從之，詩衛風釋文引沈重詩音義說，「江淮間曰叔，伊洛曰鮪，海濱曰鮥，」陸璣詩蟲魚疏曰「益州人謂之鮔鮪，大者爲王鮪，小者爲叔鮪，」二家殆皆本李氏之說矣，又按鮵與鱛爲微母雙聲，實則一字，說文鱛字，知陸疏從俗作也，鮔鮵於字母有脣牙之異，段氏謂爲雙聲，亦非也。

霣（雨部霣雨貌方語也）

集韻引呂靜說，北方謂雨曰霣，今按本部有䨏字，云水音也。雨霣䨏皆音王矩切。古三蓋一字。

魿（魚部鯗南方謂之魿）

鯗（魚部鯗北方謂之鯗）

周禮庖人注，四時所爲膳食，若荊州之鱃魚。是南方亦言鯗也。按鯗魿二字亦聲同通用。（唐韻鯗側下反魿徂慘反，）

乙（乙部乙玄鳥也齊魯謂之乙取其名自呼）

爾雅釋鳥燕燕，乙。郭注，齊人呼鳦。按乙傍鳥出後加，俗字。燕乙皆影母雙聲，又泰寒陰陽對轉也。

㡿（鹵部鹵東方謂之㡿）

鹵（鹵部鹵西方謂之鹵）

按㡿鹵魚部疊韻通用。禹貢海濱廣㡿。鄭康成注，㡿謂地鹼鹵者是也。或謂㡿爲澤借，謬矣。

鹺（鹵部鹺河內謂之鹺）

曲禮注云。大殮曰襚。今河東人云。盼遂按河內河東二郡地望相近，故方言相通矣。

閶闔（門部閶楚人名門曰閶闔）

離騷依閶闔而望余。王逸章句，閶闔天門也。按許時楚人通呼門爲閶闔。故許說解引俗語於天門下也。三輔黃圖宮之正門曰閶闔。亦非謂天門也。白虎通說昌蓋風主收藏。是閶闔風者以門得名也。或謂吳閶門爲迎閶闔風而得名，斯倒植矣。

閈（門部閈汝南平輿里門曰閈）

招魂王逸注，閈里也。楚人名里曰閈。漢書叙傳，綰自同閈。應劭注：閈音扞，楚人名里門曰閈。按春秋時汝南屬楚。故當許君之世，楚之古語猶存於汝南平輿鄉矣。

聹（耳部聹梁益之間謂聾爲聹秦晉聽而不聰聞而不達謂之聹）

方言六，聹聾也。半聾梁益之間爲之聹。秦晉之間聽而不聰聞而求達謂之聹。

明（耳部聵秦晉中土謂墮耳者明也）

方言六，其言聧者，若秦晉中土謂墮耳者明也。按明之言猶跀也。本書足部跀斷足也。明與跀同以斷得名。

聵（耳部聵吳楚之外凡無耳者謂之聵）

方言六，聾之甚者，秦晉之間謂之聵。郭注，言聉無所聞知也。又云吳楚之外郊，凡無有耳者亦謂之聵。盼遂按說文明墮耳也，聉無知意也，聧目不相視也。與聵並形異而聲義同。

行遲驒驒（手部撣讀若行遲驒驒）

按此爲漢俗語。廣雅釋訓，驒驒緩也。

控弦（手部控匈奴引弓爲控弦）

玄應一切經音義引作突厥名引弓曰控弦也。漢書婁敬傳，匈奴控弦四十萬騎。

揞（手部揞今鹽官入水取鹽為揞）

後漢書百官志注引胡廣曰：鹽官揞坑而得鹽。

揜（手部揜自關以東謂取曰揜）

方言六，掩取也，自關以東曰掩。文選注引方言揜取也。是方言本作揜，與說文同。

撟捎（手部捎自關以西凡取物之上者為撟捎）

方言二，撟捎選也，在關而西秦晉之間，凡取物之上謂之撟捎。廣雅釋詁，撟捎選擇也。按撟捎雙韻連綿字。今吾鄉謂物之精選者曰撟，或曰捎（讀稍之去聲）。蓋連言單言一也。

拓（手部拓拾也陳宋語）

方言一，撫取也，陳宋之間曰撫。按說文撫爲拓之或。

𢶍（手部𢶍拔取也南楚語）

方言一，攓取也，南楚曰攓。楚辭離騷，朝搴阰之木蘭兮。九歌，搴芙蓉兮木末。按攓搴與𢶍並一字。

扰（手部扰讀若告言不正曰扰）

段氏曰：扰字未知何字之誤。盼遂按段說非是，詳上說字條下。

姐（女部姐蜀謂母曰姐）

廣韻，姐羌人呼母。按今山西河東地尙呼母曰姐。長沙人則謂祖母曰唉姐。唉發聲字。

社（女部社淮南謂之社）

方言六，南楚瀑洭之間謂婦妣曰母㛂，稱婦考曰父㛂。淮南子說山訓，社何愛速死，吾必悲哭社。高氏注，江淮謂母爲社。社讀淮家謂公爲阿社之社也。按社姼同用。或稱妻之考妣，或稱己之父母，其意一也。社與姐字古音同在魚部。今音同在禡韻。社之受義，或自姐字假借出矣（廣韻社常者反正齒禪母，姐茲野反齒頭精母，古音正齒齒頭不分。）

媦（女部媦楚人謂女弟曰媦）

玉篇，媦楚人呼妹。廣雅釋親媦妹也。桓二年左傳若楚王之妻媦。杜注，媦妹也。按媦爲春秋時楚語，至漢猶然。許君因即其方言說之。其有古方言至漢不行者，則備作詁訓，不說某處方言也。

娙娥（女部娙秦晉謂好曰娙娥）

方言一，娥好也，秦曰娥，秦晉之間凡好而輕者謂之娥。按末句有誤，當作凡好者謂之輕娥。輕與娙同。說文本方言也。史記外戚世家，邢夫人號娙娥。索隱引方言美貌謂之娙娥。案方言別無娙娥之文。則此處之錯誤。益可證矣。戴氏錢氏疏方言皆未能理董也，漢世內宮有娙娥之職。

嬃（女部嬃楚人謂姊爲嬃）

按王逸注離騷，鄭玄畣冷剛問，皆謂屈原之姊名嬃。後人因緣附會，至漢時楚人遂以私名爲共名。猶墨子所謂臧獲矣。至集韻，楚辭補注引說文楚人謂女曰嬃。則女乂姊之誤字（鄭注周易屈原之妹名女須、妹爲姊誤，段氏已訂之。）

嫸（女部嫸南楚之外謂好曰嫸）

方言二，婧美也。南楚之外曰婧。郭注，言婑婧也。宋玉神女賦，婧輕服。漢書張敞傳，被輕婧之名，婧即嫸之省。

嬛（女部嬛讀若蜀郡布名）

本書虫部蠸字下，亦云是若蜀郡布名。桂氏曰：揚雄蜀都賦，筒中黃潤，一端數金。左思蜀都賦黃潤比筒。劉淵林注，黃潤謂筒中細布也。是黃潤者蜀布名。許蓋言讀嬛與蠸皆若潤矣。王氏曰：布之細者絹。言嬛讀若絹。

盼遂按上二說皆非。許於讀若而不舉字者。悉有音無字也。使讀若潤與絹。許君豈有不明言之，而故作廋語乎。

韭菁（女部婧讀若韭菁）

嫢（女部嫢秦晉謂細要爲嫢）

按嫢本爲細小貌。專言女要則其引申義也。方言二，嫢細也，自關而西秦晉之間凡細而有容謂之嫢。廣雅嫢小也。又嫢好也。要若束素，正以其小，得名爲嫢矣。

（媞女部媞江淮之間謂母曰媞）

廣韻，媞江淮呼母也。爾雅釋言，㑗恃也。郭注江東呼母爲㑗。方言南楚謂婦妣曰母㑗。按媞古音支部字。㑗㛂古音歌部字。支歌於古通用。則是媞㑗㛂三，於昔初同一語原矣。

孎（女部孎讀若人不遜爲孎）

說文嫣謹也。集韻嫡嫣女謹順貌。玆用爲不遜義者，漢之方語則然。以相反爲義矣。今曲阜俗謂極其善美者曰不善。猶此嫣之比矣。

謹敕數數（女部婡讀若謹敕數數）

擊擎（女部嫛讀若擊擎）

娃（女部娃或曰吳楚之間謂好曰娃）

方言一，娃美也。吳楚衡淮之間曰娃。故吳館娃之宮。服虔通俗文，南楚以娃爲好。左思吳都賦，幸平館娃之宮。劉淵林注，吳俗謂好女曰娃。字亦作佳，楚辭九歌，與佳期兮西夕張。佳即娃字，謂美人也。音近作乖。今淮水南北凡與女子相憐愛者則呼爲小娃娃。俗書作乖矣。

煙火炔炔（女部妜讀若烟火妜妜）

火部無炔字。疑本作妜妜以擬音。淺人改從火。

竹皮笞（女部婄讀若竹皮笞）

竹部，箬楚謂竹皮曰箬。箬竹箬也。

嫋（女部嫋今汝南人有所恨曰嫋）

古樂府有綠珠懊儂歌。儂蓋嫋之聲轉字也。

嫪毐（毋部毐世罵婬曰嫪毐）

史記呂不韋傳，不韋私求大陰人嫪毐進之太后。太后私與通，絕愛幸之，有身。說文亦引賈侍中說，秦始皇母與嫪毐婬坐誅。至東漢泛指婬人爲嫪毐，則以私名爲達名矣。今俗斥婬夫爲婟嫪。蓋沿漢語而稍異也。女部嫪婟也。婟嫪也。嫪毐之得名，嫪字訓妬，（廣雅釋言）毐者士無行。然則秦大陰人之得名嫪毐，殆猶今世之綽號矣。論者多以嫪爲姓爲氏，而斷斷然訂其家世。蓋失之矣。

氏（氏部氏巴蜀名山岸脅之自旁箸欲落墮者曰氏）

玉篇巴蜀謂山岸欲墮曰氏，崩聲也。揚雄傳顏師古注，巴蜀人名山旁堆欲隨落曰阺。按氐古阺字通用。

羊騶箠（匚部匧讀若羊騶箠）

鈕匪石云：此當讀若羊箠鏊之鏊。朱允倩是之。桂未谷曰：讀若羊騶箠當再有之笍二字。竹部笍羊車騶箠。王菉友是之。盼遂按諸家皆坐未通說文讀若之例，故有是膠繞耳。

𠙹（𠙹部𠙹東楚謂缶曰𠙹）

方言五，𦈢罌也。淮汝之間謂之𦈢。郭注，𦈢音由。按𠙹𦈢古今字。作甾者又𠙹之訛體。方言之與雅言，多由一音轉變。𦈢由缶三古音同在幽部，故相爲挹注。後儒皆誤𠙹爲側菑反，此大誤也。王靜安師釋由上下二篇論之綦詳。殆撥雲霾而靑天見矣。

瓬破（瓦部瓬讀瓬破之瓬）

按瓬仍當作瓬從方。瓬破漢俗語。許君引以況瓬之音，其義則未知也。

桂未谷謂旐從瓦聲，瓦皮聲近。非是。

弨（弨部弨洛陽名弩曰弨）

按弨字或作弮。漢書司馬遷傳李奇注，弮弓也。

綾（糸部綾東齊謂布帛之細者曰綾）

方言二，繒帛之細者曰纖，東齊言布帛之細者曰綾，秦晉曰靡。按曰纖曰綾曰靡，皆以纖細凌歷為義。許書本方言也。

縛衣（糸部縛𢧵貉中女子無絝以帛為脛空用絮補核名曰縛衣）

急就篇，襌衣蔽郄布毋縛。顏注用說文。段氏曰：若今江東婦女之卷胖。盼遂案此制今已不存。

緍（糸部緍吳人解衣相被謂之緍）

方言六，緍綿施也，吳曰緍，趙曰綿。吳越之間脫衣相被謂之緍綿。郭注，相覆及之名也。按緍綿雙聲疊韻字。凡連語，曼聲為二，疾言則一。故方言與說文或單言䌳，或兼言䌳綿矣。

蠸（虫部蠸讀若蜀郡布名）

按已詳上嬛條下。

蛾（虫部蛾齊謂蛭曰蛾）

爾雅釋魚蛭蛾。郭注今江東呼水中蛭蟲入人肉者爲蛾。字林，蛾齊人名蛭也。

蜹（虫部蜹秦晉謂之蜹）

元應引作秦人謂之蜹，楚人謂之蚊。後漢書崔駰傳注，引作秦謂之蜹，齊謂之蚊。疑晉衍字。

蚊（虫部蚋楚謂之蚊）

案蚊正作蟁。蚊俗字也。說解中不廢俗字。

地螭（虫部螭若龍而黃北方謂之地螭）

戾草（虫部蜦讀若戾草）

注家謂戾當爲莀。昐遂按戾蜦聲之轉，猶綟綸相通矣。許於讀若主音不主形。非出字誤。

牡厲（虫部蛤秦謂之牡厲）

字林蛤燕雀所化也。秦曰牡蠣）

蛩（虫部蛩秦謂蟬蛻曰蛩）

按蛩之言空也。空腔也。蛩空同从工聲。玉篇蛩字或作𧊧。𧊧即空之絫增字。

圣（土部圣汝穎之間致力於地曰圣）

按字从又土，謂以手有事於土也。今吾鄉謂以手刺土入穴出物曰圣。音如寇之平聲。儀禮鄉飲酒左何瑟，後首，挎越。鄭注，挎持也。越瑟下孔也。釋文挎口侯反。敖繼公云：挎以指鉤之也。昐遂按挎字古字書無之。疑爲圣之後出字。說文圣苦骨反。

（埂土部埂秦謂阬爲埂）

按埂阬古音同爲陽部雙聲字。疑埂即阬之或體，由秦語而造也。（說文迒或作𨓥，秔或作稉，皆亢更通用之證，綆漢書枚乘傳作紌。）

坥（土部坥益州部謂螾場曰坥）

方言六，坥場也，梁宋之間螾場謂之坥。郭注，螾蛐蟮也，其糞名坥。錢氏箋疏，謂梁宋爲梁益之譌。蓋未瑩於方言區城亦時有轉徙之故矣。肉部胆蠅乳肉中也。蠅乳形似螾糞，故同得坥名矣。山部岨石戴土也。詩周南傳，石上戴土曰砠。是岨砠亦與胆之同一語原矣。

圯（土部圯東楚謂橋曰圯）

史記留侯世家，徐廣注，圯橋也。東楚謂之圯。又引李奇曰，圯下邳人謂橋。漢書音義引服虔曰：圯音頤，東楚謂橋爲圯。按圯與圮疑古本一字。

說文圮毀也。毀缺也。原於爾雅釋詁。爾雅釋文圮岸毀也。原橋梁之說，必於岸毀，或水缺之處。楚人因之以圮爲名。猶象魏之立於城闕，因而謂爲闕矣。古者巳己音幾全同。隸書形尤相似。故圮譌而爲圯從巳。遂若專爲楚橋造字矣。

甿（田部甿一曰陌也趙魏謂陌爲甿）

今人謂田上陌曰甿，音古杏反。仍趙魏之古語也。俗通以埂爲之。朱氏謂埂爲防借。非也。

莢魚（金部鋏讀若魚人莢莢之莢）

按許用漢語。段氏必欲改莢作夾。非也。

鍇（金部鍇九江謂鐵曰鍇）

方言二，自關而西秦晉之間曰鍇吳揚江淮之間曰鐕。與說文不合。疑方言鍇鐕二字互易。史記高祖功臣侯表稾侯下，索隱引三倉九江人名鐵曰鍇。

是子雲前後人皆謂九江名錯。方言此誤宜正。

鏶（金部鏶鏶也齊謂之鏶）

錡（金部錡江淮之間謂釜曰錡）

方言五，鍑江淮陳楚之間謂之錡。毛公詩傳杜預左傳注皆云：有足曰錡。按錡之言踦也。鬲部有䰛鬹二字並云三足釜。䰛魚綺切。鬹讀若嬀，與錡在古音爲雙聲疊韻。則此三古同字。說文錡魚綺反（鬲部又有鬳字，鬲屬，牛建切，按鬲爲三足鼎，是鬳與錡又歌寒對轉字也。）

鑿（金部鑿河內謂臿頭金也）

方言五，臿條下注，江東又呼鍫刃爲鑿。

轒（車部轒淮陽謂車穹隆轒）

穹隆者，方言九，車枸簍或謂之䈬籠。隴西謂之棒。南楚之外謂之篷，或謂之隆屈。郭云：即車弓。也盼遂按枸簍䈬籠隆屈皆系穹隆音轉。語有順逆耳。鞾，韉，亦即韤之聲轉形異字也。廣雅釋器，韤籠鞾也。鞾亦鞾字。

虹蜺（自部隉讀若虹蜺之蜺）

按虫部蜺寒蜩也，兒聲。今讀同隉者，蓋通假作霓。霓本受聲義於嚻。（漢書天文志注，如淳曰蜺讀曰嚻。蜺亦霓借。故蜺之音得讀五結反矣。然考宋玉舞賦以結絕列韻蜺。知蜺有隉音，自漢前而然焉。

酸（酉部酸關東謂酢曰酸）

卷尾識語

書中所云『吾鄉』者，皆指河南息縣。許君爲汝南人。息縣於漢屬汝南郡。故許君方言，今息縣多有存者。

丙寅小除夕，盼遂再志於淸華園。

淮南子許注漢語疏

原道訓「婦人不孀。」許注：「楚人謂寡婦曰孀。」（詩桃夭正義）

盼遂按說文無孀字，雨部霜下云喪也。漢書董仲舒傳：「霜者天之所以殺也。」白虎通災變：「霜之為言亡也。」釋名釋天霜喪也。寡妻喪其所天，稱未亡人，象秋霜之肅殺無生意，故稱霜焉。加女傍者，後世之分別累增文，非舊式也。陶方琦謂許注，孀作霜為用假借，失之。

俶真訓「人莫鑑於流瀿，而鑑於鑑水。」許注：「楚人謂水暴溢曰瀿。」（文選江賦注）

瀿字說文無，泉部有緐字，云泉水也。段注：「緐即瀿字，泉水暴溢曰緐也。」盼遂謂說文瀊大波也，朱允倩系瀿於瀊下，謂即瀊之異字，較勝。

覽冥訓『短褐不完。』（高注：『短或作裋。』許注：『楚人謂褐曰裋。』（後漢書王望傳注文，列子釋文。）

盼遂按說文衣部，裋，豎使布長襦。凡从豆之字，多含短意。此長字疑短之訛。故淮南王書『裋褐』亦作『短褐。』史記秦始皇紀『裋襦，』徐廣云『別作短襦。』皆其證也。方言四：『襜褕，江淮南楚之間謂之褈褣。自關而西謂之襜褕。其短者謂之裋褕。以布而無緣敝而紩之謂之襤褸。）下文『楚謂無緣之衣曰襤褸。』）自關而西謂之裗裾。其敝者謂之緻。』今按此段以江淮南楚為主，猶云，江淮南楚謂襜褕為褈褣；其短者謂之裋褕。以布而無緣敝而紩之謂之襤褸，其敝者謂之紩。自關而西謂褈褣為襜褕，謂襤褸為裗裾也。不然則重出『自關而西』四字；果何謂乎？（錢氏箋疏說此段殊不了了。）許君此注楚人名褐為裋，蓋據方言文也。

精神訓『得茠越下則脫然而喜矣，』許注，楚謂兩樹交會其陰曰越。（書鈔百五十八）高注，楚人樹上大下小如車蓋狀爲越，言多陰也。

盼遂按玉篇楚謂兩木交陰之下曰樾。

主術訓『楚文王好服觟冠。』許注：『觟冠，今力士冠。觟，胡瓦反。』（藝文類聚太平御覽）

觟在古音支部，瓦在古音歌部，得相反切者，以支歌二部字古代多所出入故爾，又按唐書藝文志淮南鴻烈音二卷，高誘撰。初學記文選注太平御覽引誘及許注，亦或見翻語，議者或謂東漢無切音之學，鴻烈音乃後人所追記，應如舊唐書所記爲何誘撰也。然盼遂嘗考切音之學，東漢已盛，如衛弘古文官書，杜林蒼頡訓詁，服虔通俗文，應劭漢書注所用反切，亦云夥頤，因著反切非始於孫叔然辨證一篇，論之詳矣，今淮南書有許高反語，蓋當然之事，無足詫也。

繆稱篇『句吳其庶乎。』許注：『句吳夷語不正，言吳加以句也。』

漢書地理志：『太伯初奔荊蠻，荊蠻歸之，號曰句吳。』顏師古注：『句音鉤，夷俗語之發聲也，亦猶越爲於越也。』說即本許，劉師培云：『吳人以格言爲語端，格句一聲之轉，故吳曰句吳。越人用阿音爲發聲，阿於古音相近，故越曰於越，此古語因今言而通者也。（見新方言後序）想會稽人言吳加句，在許君時尚如此也。

齊俗篇『其兵銖而無刃。』許注：『楚人謂刃頓爲銖。』

按說文銖無頓意，唐韻銖市朱反，爲齒頭音，古音齒頭歸舌，故銖與頓爲雙聲，宜作錭矣。朱周古聲通，如侏儒亦曰周饒。（海外南經）裯馬本爲侏大（周禮句祝注）故銖錭得相假借。說文錭鈍也，鈍頓古通用。是銖錭鈍音義全同，古蓋一字而後漸歧異耳。楚人謂刃爲銖此音義之最古者。洪筠軒謂銖即殊之借字。說文殊死也，於刃頓之義有何關乎？

齊俗篇『譬若俔之見風。』許注：『綄候風之羽也，楚人謂之五兩。』

按候風羽，今江淮間舟子尚多用之。至其所以得名五兩者，實難索解，太平御覽羽部引兵書：『凡候風法，以鷄羽重八兩建五重旗，取羽繫其巔，立軍營中。』所說乃軍中五兩之制。然於五兩之名，仍未合也。

齊俗篇『爲天下顯武。』許注：『楚人謂士爲武。』

覽冥訓高誘注：『江淮間謂士曰武』。史記淮南王列傳，徐廣注『淮南人名士曰武。』皆本許氏之說。盼遂按武以雙聲借爲夫，山海經有武夫之邱，爲雙聲連語。風俗通『夫賦也。』是夫武古通之證。說文『夫，丈夫也。』郊特牲：『夫也者，以知帥人者也。』風俗通『夫者膚，言其知膚敛也。』故夫與士可同類而共稱矣。（陶方琦謂叔重注淮南鴻烈內篇稱篇不稱訓，今依之。）

道應篇『方倦龜殼而食蛤梨。』許注：『楚人謂倨爲倦。』

盼遂按倨爲踞之借。說文：『踞，蹲也。』古之踞猶今所謂坐矣。倦，

二二〇

說文訓能；人能則不能危坐而就跪矣。以倦代跪，雖楚之方言，尚未離其宗也。再按之華嚴聲母，倨入見紐，倦入溪紐，同爲牙音雙聲，此又由音理有可通之術焉。

道應篇『乃止駕心柸治悖若有喪也。』許注：『楚人謂恨不得爲柸治也。』王懷祖讀書雜志云：『柸治疊韻字，言其心柸治然也。』論衡作「乃止喜心不怠悵然若喪。」不怠即柸治之借字。俞蔭甫淮南鴻烈平議云：『柸治之義，即不怡也。不怡二字開始於虞書，古人習用之。晉語曰：「主色不怡。」太史公報任少卿書曰：「聽朝不怡。」此言心不怡，亦必楚語。因聲誤爲柸治，其義始晦矣。論衡道虛篇作「心不怠，」怠亦怡之叚字也。』盼遂按俞說是也。凡方言衍變，多由雅言音轉而成。治與得古雙聲通用，柸治蓋亦不得之音譌歟！

說林篇『山雲蒸柱礎潤。』許注：『楚人謂柱曰碣礎。』（一切經音義）

盼遂按磶礎二字皆不見說文。文選東京賦『雕楹玉磶，』李善注：『磶與舄古字通，』磶爲柱下石。（廣韻二十二昔）猶人足之着舄，故名爲舄矣。從石傍者，後人分別文飾字也。楚人作礎，以舄與楚爲魚部雙聲，得以互轉也。

要略篇『操合開塞，各有龍忌。』許注：『中國以鬼神之亡日爲忌，北胡南越皆謂之請龍。』

盼遂按請龍二字無義。龍當爲龗之借。張平子南都賦『赤龗解角，』李注：『赤龗，赤龍也。』蔡邕獨斷：『龗星，火星也。一曰龍星。』漢書郊祀志『立龗星祠，』顏注引張晏曰：『龍星左角曰天田，則農祥也。』此皆龍龗通用之證。又按詩周頌絲衣序：『高子曰：「龗星之尸也。」』風俗通：『辰之神爲龗星。』亦皆借龗爲龍，謂東宮蒼龍七宿，角亢氐房心尾箕也。故胡越語得轉龗作龍，謂請龗爲請龍矣。龗者本汎言

二二一

鬼神，（大戴禮尸子風俗通楚辭注）中國謂為鬼神忌日，胡越謂為請靈，文義實同。惟聲轉作龍，遂難知耳。墨子貴義篇：『子墨子北之齊，遇日者，日帝以今日殺黑龍於北方，而先生之色黑，不可以行。』孫仲容閒詁引許君此注，說曰：『案墨子遇日者，以五色之龍定吉凶，疑即所謂龍忌。許君請龍之說，未詳所出，恐非吉術也。』孫氏蓋不知淮南龍忌之為靈忌，請龍之為請靈，故有是說，實則龍僅為天地間神祇之一，未能代表諸神也。

要略篇『玄眇之中，精摇靡覽。』許注：『楚人謂精進為精摇。』方言卷六：『遙，疾行也。南楚之外曰遙。』淮南王書段摇為之，許注本楊說也。

要略篇『異其畛挈，斟其淑靜。』許注：『楚人謂渾濁為畛挈。』盼遂按畛假為沴，挈假為丰，非連字也，說文沴水不利也，丰艸蔡也，象艸生之散亂也，挈從丰聲，故得通假。

丙寅正月於清華園

文字音韻學論叢卷四

息縣劉遂盼著

說文聲譜自序

劉子居都二歲，端居多暇。輒取說文九千字，依聲比次，成說文聲譜三十六卷。客有儆于劉子曰：『自許氏造說文以來，畢于勝國，研治之者，擘肌分理，羣萃州處，誠哉其彬彬矣。其據今韻分系之者。若徐氏兄弟之說文韻譜，李巽巖之說文解字五音韻譜。朱允倩之古今韻準，陳石甫之說文部目分韻諸書是。其據古韻分系者，若段茂堂之六書音均表，姚文田之說文聲系，嚴鐵橋之說文聲類，張成孫之說文諧聲譜，朱允倩之說文通訓定聲，苗仙簏之說文聲讀表諸書是。雖亦有緜蕞多寡，部曲異同，然其以聲韻分畫說文之字則一也。其亦或倣爾雅急就之體，以義類分比而爲一書者。如朱允倩之說雅魏默深之蒙雅是。今子於諸家之外別有聲譜之作。意亦有特異於前賢者乎？』曰：『諸家之備，信如君論。然歉其唐能條理韻部，于聲紐或求之邉也。故余以謂猶闕一卷書。即本守温字母三十六文分譜許書之字是矣。今者取九千文，以守温三十六聲母爲經，而緯以陸法言二百六韻。使檢聲而得韻，檢韻而得字，便籀尋也。每字反切首依鼎臣。以其用孫愐書，尚存中原正音。次系玉篇韻譜及羣籍舊音，備參稽也。字下仍綴許氏說解。以字之同聲者，義多一貫，茲編之作重在循聲推義。載說解所以出暢聲義旁通之理也。原夫制字之初。名出于理。音出於氣，有氣而後有音。有音而後有理。有理而名出焉。然于一音之中，則用體文者多，而用聲勢者或寡。誠以人倫之出辭氣，丁其耑則暢朗，及其收則函胡。今由與嬰學語譣之而可知也。四目之聖及後王之作新名者稔於此，故慎斯術而展衍體文。則雙聲之用以廣。如六書中之轉注叚借，形聲字之受聲偏傍，疏狀字之駢詞連語，訓詁書之音訓及讀如讀者，何莫由斯道也。即詩騷之用韻脚，誠屬於疊韻矣。然試一加考索，則以雙聲爲韻脚者仍所在而有。故聲音之學，疊韻易知而雙聲難明。文字之用，雙聲爲要而疊韻爲輕。而自來學人於韻部之書，詳矣殫矣，蔑以加矣。獨至聲母之書，則以余淺學未之前聞，豈不惜哉。不佞茲編之作，蓋非有所得已而不已者矣。』曰：『子言雙聲之用，立此七科，可云泰矣。今其詳可得而聞歟？』曰：『七科之在典籍，如中原之有菽，遽數之不能終其物。姑即其犖犖者一陳之。首曰轉注。人莫不謂其本于義，而不知實由音所生也。茲且立丏字爲根以明之。丏不見也，音少變則衍爲宾，冥合也，爲鼏，爲㝠，皆不見也。爲覭，蔽不見也。爲眄，目偏合也。爲瞑，翕目也。爲瞥，目翳也。爲盲，目無牟子也。此其字雖有先齊青唐韻部之不同。然其由脣音雙聲而孳生則一也。進而試考轉注之由於疊韻者則絕希矣。二曰段借。人羣知假借之依託於音理矣。然又有辨。試據小戴記鄭注數則明之。曲禮拾級聚足，拾叚作涉也。大夫士必自御之，御假作迓也。檀弓繆幕魯也。則繆以聲同而為綃。主人既祖塡池，則塡池以聲同而代奠徹。又如叚卜為僕，於卜人師扶右見之。叚封為窆，於縣棺而封見之。凡若此者難于縷數。即此數事之中，若繆之與綃，池之與徹，封之與窆，其為雙聲叚借固矣。然如涉拾，御迓，塡奠，卜僕諸字，固各為疊韵，而亦未嘗不雙聲也。知叚借純出于雙聲。世之以疊韻說者徒昧昧矣。三曰形聲偏傍。人第知同音謂之諧聲，而同聲之諧聲則知之者罕。如存在魂痕，得从齊部之才而為聲矣。恩歸咍韻，得从先韻之囟而為聲矣。侯韻有偄，寒韻有耎，皆攘咍部之而以為聲。齊韻有枅，青韵有刑，皆攘先部之幵而為聲。是造字時恒取雙聲字以為形聲。蓋彰彰矣。茲特見於兆耑，其秩狘者不言可知也。四曰連語。今仍就說文中言之。蔣菩之同出匣母，蓮藸之同出澄母，趦趄之同歸清母，錯鍗之同歸定母，其為雙聲相連無論矣。亦有連語之名為疊韻者，而實兼關雙聲。如玓瓅同居模部，而又同紐，宮窮共居冬部，而又同紐。謎諳以同母字而歸恬韻。殺改以同母字而歸咍韻。則雙聲之領域於連語者亦云廣矣。五曰韻腳。古詩之以疊韻壓腳者，夫人知之矣。其以雙聲爲之者，則羣相與眙愕而莫能理也。如小雅車攻弓矢既調，射夫既同。調同以諧聲而爲韻。（離騷求矩矱之所同，摯咎繇而能調，亦以同調爲韻。）小旻民雖靡膴，或聖或謀。膴謀以諧聲而爲韻。（大雅緜周原膴膴，與爰始爰謀，亦以膴謀爲韻，）其明據矣。亦或借韻腳之雙聲字爲之。如小旻謀夫孔夫，是用不集。毛傳集就也。瞻卬藐藐昊天，無不克鞏。毛傳鞏固也。集就鞏固皆雙聲字。故雅人取而鴻音之耳。知三百篇之用韻，亦非明於雙聲者不能奏迴徹之功矣。（今廣韻集韻中有別韻轉入之字，蓋由詩人以雙聲爲韻。久之歧出多音。修韻者不能甄別，遂雜收數韻之中。）六曰音訓。孟堅通德成國釋名所錄甚具。即許書說解亦復數見不鮮。如上部旁溥也，旁溥雙聲。示部祈，求福也。禁，吉凶之忌也。祈與求雙聲，禁與忌亦雙聲矣。

玉部球，玉磬也。玼，玉色鮮白。球與磬，玼與鮮，皆雙聲也。足徵說文音訓之理，雙聲爲用遠有逾于疊韻者矣。（試一檢鄧氏說文雙聲疊韻譜即見，又雙聲之兼疊韻者，鄧則悉以爲疊韻，宜分別觀之。）七月讀若。注家之例，云讀若者，所以期赴其音之準的。許君之先，子春二鄭有行之矣。其間之用雙聲爲比者已遠逾於疊韻之多。迨許氏有作，而益弘斯恉。如艸部若从君聲，而讀若威。夢从夢聲，而讀若萌。菐部菐从八聲，而讀若頒，又讀若非。衣部袢从半聲，而讀若普。心部㥲从弭聲，而讀若沔。是皆由聲轉而然矣。其疊韻而兼雙聲者不再舉也。綜上七科以觀。知夫雙聲者誠足以擇文字之原泉，闚史皇之制作，覈化聲之蟬嫣，斬經籍之儳牙。其爲功顧不重哉。而古今學士罕有專帙，條理終始。遂致羣傷郤曲，雜批窾竅。茂堂說詩，有離合之韻。允倩定聲，起叚借之失。皆於雙聲之學有所未瑩故也。今爲此編，將使學者有从玩索，辨析豪釐，執大象以御羣倫。庶乎其鼓芳風達神指矣。』曰：『

甚矣哉聲之爲用大也，豈其昔之人曾無先覺及此而有作歟？』曰：「有之，自王懷祖章太炎始也。王氏作釋大，章氏作文始，皆衍以雙聲，眇契其微。惟是王氏僅格于訓大之字，且止於喉牙八母。非能成書。文始之作，本以推迹聲變。而又以韻部二十三目自蹇跛，立次旁轉隔越轉諸名色，往往難於自遂。又於聲之不相通者，創爲七音互爲發舒遒斂之說。幾使七音畛畷，漫其疆界。是用所謂闓發頭角而弗洞達者乎。於雙聲之全體大用猶未足以盡見也。』曰：『吾子此編，獨爲聲類一書，則可。其必系之說文何意也。』曰：『古韻書之存於今者，以宋修廣韻爲最古最完，而其譌文羼字，駁雜理董。且說文九千於天地鬼神山川鳥獸蚰蟲雜物奇怪王制禮儀世間人事，既經網羅靡遺。其有說文所未及者，則皆即說文而累增分別，以爲觀美。蛇蚹蟬翼耳。不錄亦未爲闕也。』於是客乃莞然笑曰：『有是哉？』客退因敍其梗概，存之簡耑，以爲釋例。於時丙寅涂月初吉，息縣劉盼遂記於清華園一苑。

六朝唐代反語考

反切之起源，上不出於豐鎬之間，下不遲於當塗之世。前人謂魏孫叔然始作反音者，非也。余於數年前，作反切不始於孫叔然辨一文，論之審矣，（載清華研究院實學月刊第六期）然於所以名爲反名爲切者，則從無人加意及此。今故詳輯此種資料，而曲爲檢討。使反切得名之來源，借以大白於世。或亦小學元士之所聞而闕圖者歟。

「反」「切」二字之使用，不知始自何時何人。然六朝以來相承以「反」「切」並用。周顒著四聲切韵（見南史顒本傳）陸法言著切韵五卷，皆即反語爲言。明切之使用，非自唐開元始。唐玄度顧炎武王念孫諸說殆皆失之。

唐玄度九經字樣序曰：聲韵謹依開元文字，避以反言。但紐四聲。定其意旨。

二三三

二三四

顧炎武音論卷下云：反切之名，自南北朝以上皆謂之反。孫愐唐韻則謂之切。蓋當時諱反字。又自注云，隋以前不避反字。

王念孫博雅音校訂卷二，「尻也上古魚切」條云：變反言切始自開元。曹憲爲隋唐間人。不宜有此。凡廣雅音中有言某切者，皆是後人所改。

宋禮部韻略條例云，音韻展轉相協，謂之反，亦作翻。兩字相摩以成聲韵，謂之切。其實一也。今按韻略之言最爲得實。雖然，後代韻書中反切，如

東下注云德紅反

一下注云於悉反

德紅直讀則爲東，於悉直讀則爲一。紅德展轉固不能得東。悉於展轉固不能得一。於所云展轉相協，反覆成音之律，仍不復適用。則此事之明，固不得不有待古籍中之反語故事而甄明之矣。齊劉勰文心雕龍指瑕篇云，「近代辭人，率多猜忌。至乃比語求蚩，反音取瑕。雖不屑于古，而有擇於今焉。

』北齊顏之推家訓文章篇云，『世人或有引詩伐鼓淵淵者，宋書已有屢遊之誚。如此流比，幸須避之』，唐韓偓玉山樵人集附香奩集妬媒篇云『多爲過防成後悔，偶因翻語得深猜』。凡此可見六朝兩唐士夫於反語之使用最爲普徧現象。且及於帷房之中焉。故今采唐宋以前反語故實，凡得三十餘事，依次敷陳，以覩其嬗變之迹云爾。

一、宋書卷三十一五行志二言之不從門云：晉孝武帝泰元中，立內殿，名曰清暑。少時而崩。時人曰，清暑者反言楚聲也。果有哀楚之聲。有人曰，非此之謂，豈可極言乎。讖曰，代晉者楚，其在茲乎。及桓玄篡逆，自號曰楚。

按清暑相切爲楚，暑清相切爲聲。故清暑反語爲楚聲矣。

二、太平廣記卷四百七十三昆蟲門施子然條云，晉義熙中，零陵施子然，雖出自單門，而神情辨悟。家大作田，至秋時，作蝸牛廬于田側守視，恒宿在中。其夜獨自未眠之頃，見一丈夫來，長短是中形人，着黃練單衣袷，直造席捧手，與子然語。子然問其姓名，即答曰，『僕姓盧名鉤，家在粽溪邊臨水。』復經半旬中，其作人掘田粽西溝邊蟻垤。忽見大坎滿中螻蛄，將近斗許，而有數頭極壯，一顆彌大。子然自是始悟曰，『近日客盧鉤，反言則螻蛄也。家在粽溪即西坎也。』悉灌以沸湯，於是遂絕。出續異記。

按盧鉤切音爲螻，鉤盧切音爲蛄。故盧鉤反語爲螻蛄矣。

三、唐大曆時日本僧遍照金剛著文鏡秘府論四卷，文二十八種病，第十八，翻語病條云，『翻語病者，正言是佳辭，反語則深累，是也。如鮑明遠詩云，鷄鳴關吏起，伐鼓早通晨。正言是佳辭，反語則不祥，是其病也，崔氏云，伐鼓反語腐骨。是病。』

按伐鼓切音爲腐，鼓伐切音爲骨。故伐鼓反語爲腐骨矣。

四、南史卷二十六袁粲傳，粲幼孤，祖哀之，名之曰愍孫。愍孫慕荀奉倩爲人。孝武時求改名粲，不許。至明帝立，乃請改爲粲字景倩。其外孫王筠又云，『明帝多忌諱，反語袁愍爲殞門。帝意惡之。乃令改焉』。（宋書袁粲傳失載此事）

按袁愍切音爲殞，愍袁切音爲門。故袁愍爲殞門之反語矣。

五、南史卷三十九劉勔附子悛傳，悛本名忱。宋明帝多忌，反語劉忱爲臨讎，改名悛焉。（南齊書劉悛傳失載此事）

按劉忱切音爲臨，忱劉切音爲讎。故劉忱有臨讎之反語矣。

六、南史卷四十三齊高諸子下，始興簡王鑑傳，自晉以來，益州刺史皆以良將爲之。宋泰始中，劉亮爲刺史，道士邵碩曰，『後二年，君當終。後九載，宋當滅。滅後有王勝憙來作此州。冀爾時蜀土平』。永明二年，武帝不復以諸將爲益州，始以鑑爲益州刺史，督益寧二州軍事，加鼓吹一

二三八

部。所謂勝熹爲始興。徐言於此乃驗。（南齊書高祖十二王傳失載此事）

按勝熹切音爲始，熹勝切音爲興，故云反語勝熹爲始興矣。

七、南齊書卷十九五行志云：世祖起靑溪舊宮。時人反之曰，舊宮者窮廐也。及上崩後宮人出居之。（南史鬱林王紀云：武帝於靑溪立宮，號曰舊宮。較子顯書爲明晝。）

按舊宮切音爲窮，宮舊切音爲廐。故舊宮時人反爲窮廐也。

八、南史卷五齊本紀下廢帝鬱林王紀，云先是文惠太子立樓館于鍾山下，號曰東田。太子屢游幸之。東田反語爲顚童也。（南齊書五行志所較紀此爲略）

按東田切音爲顚，田東切音爲童。故東田反語爲顚童也。

九、南史卷七梁本紀中云，梁高祖大通元年，初帝創同泰寺，至是開大通門以對寺之南門，取反語以協同泰。自是晨夕講義，多由此門。三月辛未

，幸寺捨身。甲戌改元大通，以符寺及門名。（梁書高祖本紀較此爲略，致語意不明）

按同泰切音爲大，泰同切音爲通。故大通反語爲同泰矣。

十、金樓子卷六雜記上，『宋玉戲太宰屢游之談。後人因此流遷反語相習。至如太宰之言屢游，鮑照之伐鼓，孝綽步武之談，韋粲浮柱之說。是中太甚，不可不避耳。俗士非但文章如此。至言論尤事反語。何僧智者嘗於任昉坐賦詩，而言其詩不類。任云卿詩可謂『高厚』。何大怒曰，遂以我爲狗號。任逐後解說，遂不相領。

按高厚切音爲狗。厚高切音爲號。故高厚反語爲狗號矣。至其言因宋玉游談，而習反語。文義雖不甚了，然足證反語之興也久矣。

十一、水經注卷四河水四河東郡郡多流雜，謂之徙民。民有姓劉名墮者，宿擅工釀。採挹河流，醞成芳酎。懸食同枯枝之年，排于桑落之辰。故

二三九

酒得其名矣。然香醑之色，清白若滫漿焉。別調氛氳，不與佗同。蘭重麝越，自成馨逸。方土之貢選最佳酌矣。自王公庶友牽拂相招者，每云牽郎有顧，思同旅語。索郎反語爲桑落也。更爲籍徵之雋句，中書之英談。

按索郎切音爲桑，郎索切音爲落。故索郎反語爲桑落矣。

十二、北史卷四十二劉芳附子逖傳，武成帝崩，和士開欲改元。議者各異。逖請爲武平。私謂士開曰，『武平反爲明輔。逖作此以爲公』士開悅而從之。（北齊書文苑劉逖傳失載此事）。

按武平切音爲明，平武切音爲輔。故武平反語爲明輔矣。

十三、隋唐嘉話錄云：有過盧黃門思道者，見一胡人在坐，問此何等，答曰：『從兄浩』。反語盧浩音爲老胡。

按盧浩反音爲老，浩盧反音爲胡。則盧浩反語爲老胡矣。

十四、太平廣記卷二百四十七詼諧門邢子才條云，北齊中書侍郎裴襲字敬憲，患耳。新搆山池，與賓客晏集。謂河間邢子才曰：『山池始就，願有一名』。子才曰：『海中有蓬萊山，仙人之所居，宜名蓬萊』。蓬萊裴聾也，故以戲之。敬憲初不悟，於後始覺。忻然謂子才曰：『長忌及戶，高則何害。公但大語，聾亦何嫌。』出談藪。

按蓬萊切音為裴，萊蓬切音為聾。故蓬萊反語為裴聾矣。

十五、南史卷十陳本紀下，後主諱叔寶。或言叔寶反語為少福。亦敗亡之徵云。（陳書後主本紀失載此事。）

按叔寶切音為少，寶叔切音為福。故叔寶反語為少福矣。

十六、隋書卷二十二五行志上，言不從門云，文帝名皇太子曰勇，晉王曰英，秦王曰俊，蜀王曰秀。開皇初，有人上書曰：『勇者一夫之用。又千人之秀曰英，萬人之秀曰俊，斯乃布衣之美稱，非帝王之嘉名也。

』帝不省。時人呼楊姓多爲嬴者。或言於上曰，『楊英反爲嬴殃。』帝聞而不懌，遽改之。其後勇俊秀皆被廢黜。煬帝嗣位終失天下。卒爲楊氏之殃。

按楊英切音爲嬴，英楊切音爲殃。故楊英反語爲嬴殃矣。楊姓讀如嬴者，庚青通轉之例。郭璞注方言云：『今江東呼羊聲如蠅』。亦與此略同。

十七、舊唐書卷五高宗本紀下，儀鳳三年四月戊申，大赦，改來年正月一日爲通乾。十二月詔停明年通乾之號。以反語不善故也。（新唐書所紀畧同）資治通鑑卷二十二著此事，胡三省注曰，通乾反語爲天窮。

按通乾切音爲天，乾通切音爲窮。乾通反語爲天窮矣。

十八、太平廣記卷二百五十八嗤鄙一郝象賢條云：唐郝象賢，侍中處俊之孫，頓邱令南容之子也。弱冠，諸友生爲之字，曰寵之。每于父前稱字。父給之，曰：『汝朋友極賢，吾爲汝設饌。可命之也。』翊日，象賢因邀至十餘人。南容引生與之飲，曰：『諺云，「三公後出死狗」。小兒誠愚，勞諸君制字，損南容之身尚可，豈可波及侍中乎。』因泣涕。衆慚而退。「龍之」者反語爲「癡種」也。出朝野僉載。

按龍之切音爲癡，之龍切音爲種。故龍之反語爲癡種矣。

十九、太平廣記卷二百七十八夢休徵下張鎰條云：張鎰大曆中守工部尚書，判度支。因奏事稱旨，代宗面許宰相，恩渥甚厚。張公日日以冀，而累旬無信。忽夜夢有人自門遽入，抗聲曰：『任調拜相。』張公驚寤，思中外無其人，尋繹不解。有外甥李通禮者，博學善智。張公因召面示之，令研其理。李生沉思良久，因賀曰，『舅作相矣。』張公即詰之。通禮答曰：『任調反語饒甜，饒甜無逾甘草，甘草獨爲珍藥，珍藥反語即舅名氏也。』公甚悅，俄而走馬吏報曰，白麻下，公拜中書侍郎平章事。出集異記。

按任調切音爲饒，調任切音爲甜。故任調反語爲饒甜矣。珍藥與張鎰爲雙聲音近之字，非平常反語之例也。

二十、太平廣記卷三百七十一雜器用四獨孤彥條云，建中末，有獨孤彥者嘗客于淮泗間，會天大風，舟不得近，因泊于岸。一夕步舟登至一佛寺。俄有二丈夫來，一人身甚長，衣黑衣，稱姓甲，名侵訐，第五。一人身廣而短，衣靑衣，稱姓曾，名元。與彥揖而語。其吐論玄微，出於人表。（中略）語未卒，寺僧俱歸。二人見之，若有所懼，即馳去，數十步已亡見矣。彥訊僧。僧曰：『吾居此寺且久，未嘗見焉，懼爲怪耳。』彥奇其才，且異之。因祈其名氏，久而悟曰：『所謂曾元者，豈非甑乎。夫文以瓦附曾，是甑字也。名元者，蓋以瓦中之畫致瓦字之上，其義在矣。甲侵訐者，豈非鐵杵乎。且以午木是杵字，姓甲者東方甲乙木也，第五者亦假午字也，推是而辨，其杵字乎。名倰訐者，蓋反其語爲金截。以截附金，是鐵字也。總而辨焉，得非甑及鐵杵耶。』明日即命窮其跡，果於壞中得一杵而鐵者。又一甑自中分，蓋用之餘者。彥大異之，盡符其解也。出宣室志。

按倰訐切音爲截，訐倰切音爲金。故倰訐反語爲金截矣。金附截六朝後俗體鐵字。

廿一、太平廣記卷一百六十三識應門，魏叔麟條云：唐魏僕射子名叔麟。識者曰：『叔麟反語身戮也。』後果被羅織而殺之。出朝野僉載。

按叔麟切音爲身，麟叔切音爲戮。故叔麟反語爲身戮矣。

廿二、太平廣記卷一百六十三識應門武三思條云，梁王武三思，唐神龍初，改封德靖王。識者言德靖鼎賊也。果有窺鼎之志，被鄭克等斬之。出朝野僉載。按廣記百六九張鷟條云、浮休子謂三思既封德靖王，乃鼎賊也。浮休子爲鶩別號。則上條識者，即鶩自謂也。

按德靖切音爲鼎，靖德切音爲賊。故德靖反語爲鼎賊矣。

廿三、太平廣記卷三百二十二鬼七張君林條云，吳縣張君林居東鄉楊里。隆安中，忽有鬼來佐驅使。林原有舊藏器物中破甕已無所用。鬼使撞甕底穿爲甑。比家人起，飯已熟。此鬼無他須。唯啗甘蔗。自稱高褐。或云此鬼爲反語，（原訛作器字今以臆改）高褐者葛號。丘壠累積，尤多古塚，疑此物即其鬼也，林每獨見之，形如少女，年可十七八許，遍身青衣，面青黑色。乃令林家取白甖，盛水覆頭。明旦視之有物在中，林家素貧，遂致富。出甄異記。

按高褐切音爲葛，褐高切音爲蒿。故高褐反語爲葛號矣。

又按廣記此文，訛脫殊甚。致上下文義多不相貫，而葛號之說亦無着落，明談氏本已如此。惜不得善本補正之耳。

卄四、太平廣記卷二百五十六詼諧六鄧玄挺條云，唐鄧玄挺入寺行香，與諸僧詣園觀植蔬。見水車，以木桶相連，汲於井中。乃曰，『法師等自踏此車，當大辛苦。』答曰：『遣家人挽之。』鄧應聲曰：『法師若不自踏，用如許木桶何爲。』僧愕然，思量始知玄挺以木桶爲幪禿。出啓顏錄。

按木桶切音爲幪，桶木切音爲禿。故木桶反語爲幪禿矣。

卄五、太平廣記卷二百五十五嘲誚三，安陵佐史條云，唐安陵人善嘲。邑令至者無不爲隱嘲之。有令口無齒，常畏見嘲。初至謂邑吏，『我聞安陵大喜嘲弄，汝等不得復踵前也。』初上判三道，佐史抱案在後曰『明府書處甚疾。其人不覺爲嘲，乃謂稱己之善。亦甚信之。居數月，佐史仇人告曰：『言明府書處甚疾者，其人嘲明府。』令曰，何爲是言。曰：『書處甚疾者是奔墨，奔墨者翻爲北門。北門是缺後，缺後者翻爲口穴，此嘲弄無齒也。』令始悟，鞭佐史而解之。出啓顔錄。

按奔墨切音爲北，墨奔切音爲門，故奔墨反語爲北門。缺後切音爲口，後缺切音爲穴，故缺後反語爲口穴矣。

廿六、搜神記卷十六云，盧充者。范陽人，家西三十里有崔少府墓。充年二十，先冬至一日，出宅西獵戲。見一麞，舉弓而射，中麞，倒復起。充因逐之，不覺遠。忽見道北一里許，高門瓦屋四周，有如府舍，不復見麞。門中一鈴下唱客前。充問此何府也。答曰：『少府府也。』充曰：『我衣惡，那得見少府。』即有一人提一襆新衣，曰：『府君以此遺郎。』充便著訖進見少府，展姓名，酒炙數行，謂充曰：尊府君不以僕門鄙陋，近得書爲君索小女婿，故相迎耳。』便以書示充。充父亡時雖小，然已識父手跡，即欷歔無復辭免。便勑內，『盧郎已來，可令女郎粧嚴』。且語充云，『君可就東廊。』及至黃昏，內白女郎粧嚴已畢。充既至東廊，女郎已下車立席頭，却共拜。時爲三日，給食三日畢。崔謂充曰：『君可歸矣。女有娠相，若生男，當以相還，無相疑。生女當留自養。』敕外嚴車送客。充便辭出，崔送至中門，執手涕零。出門一犢車駕靑衣，又見本所著衣及弓箭故在門外。尋傳敎將一人提襆衣與充相問，曰：『姻援始爾，別甚悵悵。今復致衣一襲，被褥自副。』充上車去如電逝，須臾至家。家人相見，悲喜推問，知崔是亡人而入其墓，追以懊惋。別後四年，三月三日，充臨水戲。忽見水旁有二犢車，乍沈乍浮，既而近岸。同坐者見，而充往開車後戶，見崔氏女與三歲男共載。充見之，忻然欲捉其手。女舉手指後車曰，『府君見人。』即見少府，充往問訊，女抱兒還充，又與金鋺幷贈詩曰，『煒煌靈芝質，光麗何猗猗。華艷當時顯，嘉異表神奇。含英及未秀，中夏罹霜萎。榮耀長幽滅，世路永無施。何以贈余親，金鋺可頤兒。恩愛從此別，斷腸傷肝脾。』充取兒鋺及詩；忽然不見二車處。充將兒還，四坐謂是鬼魅，僉遙唾之，形如故。問兒誰是汝父，兒徑就充懷。衆初怪惡，傳省其詩，慨然歎死生之玄通也。充後乘車入市賣鋺，高舉其價，不欲速售，冀有識者。欻有一老婢識此，還白大家曰，『市中見一人乘車賣崔氏女郎棺中鋺。』大家即崔氏親姨母也。遣兒視之，果如其婢言。上車敘姓名，語充曰：昔我姨嫁少府，生女未出而亡。家親痛之，贈一金鋺著棺中。可說得鋺本末。充以事對，此兒亦爲悲咽。賫還白母，母即令詣充家迎兒視之。諸親悉集，兒有崔氏之狀，又復似充貌。兒鋺俱驗。姨母曰，『我外甥三月末間產。父曰春煖溫也，願休强也，即字溫休。溫休即幽婚也，其兆先彰矣。』兒遂成令器，歷郡二千石。子孫冠蓋相承至今，其後植字子幹，有名天下。（世說新語方正篇注引孔氏志怪，較此減省。）

按温休切音爲幽，休温切音爲婚，故温休反轉即幽婚矣。盧子幹生於漢桓帝延熹二年。陳邦福盧侍中年譜說 則充之生子至遲亦應在光武明帝時。故反語之興在東漢初葉，自可據是而定。惟搜神志怪太半生於子虛，未可引爲鐵證。故今以附諸家之末。令升之文，爲小說文筆之最純雅者。全錄此條，以見忻慕云爾。

又有所謂三反語。蓋謂三個字反覆相切取音。此事本自漢以來有之，而其名則南宋初葉之書始見之。

龔明之中吳紀聞卷五綽堆條云：崑山縣西數里，有邨曰綽堆。古老傳云：此乃黃幡綽之墓。至今邨人皆善滑稽，及能三反語。明之自注云：綽堆避御名改曰堆，即今綽墩。

龔氏蓋以三反語爲滑稽雅謔。今幡綽遺事見于唐人短書者，甚夥。而三反語故事，遂不可得，雖作確解。余頗疑三反語爲三個字作三次顚倒取音。如大廣益會玉篇首所載雙聲疊韻法正紐雙聲倒紐疊韻之例，而另成三字，以相嘲噱者也。與通常所謂反語，又較繁難，不易索解人矣。今於故籍中蒐得例七。臚列左方，略加詮釋於次。

廿七、三國志卷六十四吳志諸葛恪傳，先是童謠曰：諸葛恪，何若若，（三字依宋書五行志補）蘆葦單衣篾鉤絡。於何相求成子閤。成子閤者反語石子岡也。建業南有長陵名曰石子岡。葬者依焉。鉤絡者，校飾革帶，世謂之鉤絡帶。恪果以葦席裹其身，而篾束其腰，投之有此岡。按成閤相切爲石，閤成相切爲岡。故得反爲石子岡焉。又按成與岡古今韻皆不同部，而得疊韻者，取轉音也。尚書洪範云：百穀用成，乂用明，俊民用章，家用平康，即靑陽通用，成讀如常。此例孔多不具舉。

廿八、南齊書卷十九五行志云，永明初，百姓歌曰，白馬向城啼，欲得城邊草。後句間云陶郎來。白者金也，馬者兵事。三年妖賊唐寓之起。言唐來勞也。

按陶郎相切為唐，郎陶相切為勞。故得反為唐來勞矣。

廿九、南史卷五十三梁武帝諸子昭明太子統傳，薨時年三十一。帝臨哭盡哀，詔斂以袞冕。先是人間謠曰：『鹿子開城門，城門鹿子開。當開復未開，使我心徘徊。城中諸少年，逐歡歸去來。』鹿子開者反語為來子哭。云帝哭也。太子長子南徐州刺史歡即嫡孫，次應嗣位，止封豫章王，往還任。謠言心徘徊者未定也。城中諸少年，逐歡歸去來，復還徐州之象也。（梁書昭明太子傳失載此事）

按鹿開相切為來，開鹿相切為哭。故鹿子開得反為來子哭矣。

三十、太平廣記卷二百五十五嘲誚三契戾禿條云：唐京師有僧性甚機悟。病踋。有人于略中見，嘲之曰：法師是雲中郡。僧曰，與君先不相知，何爲辱貧道作契綟禿。其人詐之曰：雲中郡言法師高遠，何爲是辱。僧曰：雲中郡是「天州」，翻爲「偸氈」，是「毛賊」。「毛賊」翻爲「墨槽」。傍邊有曲錄鐵，翻爲「契綟禿」。何事過相罵耶。前人于是愧伏。出啓顏錄。

按天州切音爲偸，州天切音爲氈。毛賊切音爲墨，賊毛切音爲槽。曲鐵切音爲契。鐵曲切音爲禿。故曲錄鐵得反爲契綟禿矣。

三十一、酉陽雜俎卷八夢類云，威遠小軍將梅伯成善占夢。近有優人李伯憐遊涇州，乞錢得米數百斛。及歸，令弟取之。過期不至，夜夢洗白馬。訪伯成占之。伯成抒思之曰：凡顰聽人好反語。「洗白馬」「瀉白米」也。君所憂或有風水之虞乎。數日弟至，果言謂河中覆舟，一粒米餘。

按洗馬切音爲瀉，馬洗切音爲米。故洗白馬反語爲瀉白米矣。

三十二、辛文房唐才子傳卷七方干傳，徐凝初有詩名。一見干器之，遂相師友，因授以格律。干爲贈凝詩云：『把得新詩草裏論。』時謂反語爲村裏老，疑干譏誚。非也。

按草論切音爲村，論草切音爲老。故草裏論反語爲村裏老矣。

三十三、魏泰東軒筆錄卷十一孫覺孫洙同在三館條云，顧臨字子敦，同爲館職。爲人偉儀幹而好談兵。（劉）攽目爲『顧將軍。』而又好以反語呼之爲『頓子姑。』

按顧敦切音爲頓，敦切顧音爲姑。故顧子敦得反爲頓子姑矣。頓子姑在當時蓋爲一噱笑之辭，惜今不可知。然兩唐以降，反語之雅謔久歇。貢父獨知使用，則其博通故事，無雙並世，宜也。

以上關於反語故實，無慮得三十三事，上溯炎漢，下汔天水，略總會於此矣。惟音韻書中，尙有「長流反爲良儔，」一事，未獲出典。祇有暫存區蓋，以待異日之補苴耳。

後記

吳檢齋先生經籍舊音敍錄云。『沿及六朝，反語益衆。顧炎武音論所錄不下十數事。俞正燮反切証義所舉尤夥。或由聲音節族，眇合自然。或由顚倒音辭，用資談讌。雖與反語相應，究非比況作音。』今按顧俞甄錄不足二十事。本篇所采不啻倍之。吳先生搜羅經籍舊音。自不須此種資料。然其謂聲音節族，眇合自然。則六朝唐之反語故事，實足當之無愧。惟此類率出于民間婦孺傭保之口。而能體文聲勢，咸合于孫叔然陸法言同律之中。此固音韻學中一大有趣問題也。癸酉亥月書于日下之丘祖坊

跋唐人寫韵書二殘箋

第一箋

厄技疒

酏酒 巵杯缶似稀又羊氏切 椸衣架 移

縻穄或作糜 䴢䴢爵 縻縻□

□□ 炊

王名 騎馬 䮂□首

㸑□□□者見食皃

羲車上環轡所貫 皮符羈反□ 疲

鼠相銜行 摛山梨 鸝黃

□廣 鄗二城名在北海 䮈䮈

靜安師云右九行字皆在廣韵五支存全字十九半字二

弟二箋

脂二 比又必履婢四扶必反

裳 諮姿儀姿 齍 在

口趄 齹 却車郪階 茨 疾脂反口

遲又直利反 蚳蟻卵 蚳

市支反 伊 於脂反 伊

虒 楑撰木

旞旌 壝埒 維 琟石玉

安息遺反 雖 荾胡菜 綏薇雨

瑂石似玉 矀

靜安師云右九行字皆在廣韻六脂存全字二十一半字一

右二箋日本大谷伯爵所刊行之西域考古圖譜中，共十八行，計存全字四十一，半字三，子注不與也，王靜安師曾撫入所著韵學餘說，知爲廣韵中五支六脂二部字，訂爲唐長孫訥言箋注之陸法言切韵，據其多無注之字，證非孫愐之書，而於所由見其爲長孫氏書者，則未遑舉證。盼遂竊謂此二斷片殆爲陸法言切韻原書矣。近日敦煌石窟所出唐寫韵書殘卷三種。師所訂其弟一種爲陸氏原書，弟二三種爲長孫氏箋注本及節注本者，亦幾於每字有注矣。此斷片注皆簡短，亦無按語，且四十一字中無注者有十字之多，較敦煌本第一種爲尤古。使彼得爲陸氏原書，則此益應爲陸氏原書矣。又敦煌殘卷第二種六脂鄿紐有趡字，注云按說文倉卒。而此斷片弟一幀中鄿下茨上無趡字，知此字爲出於「伯加」或郭箋或長孫氏加字中無疑。則此斷片之早於敦煌本第二種，文可知也。由上二證視之，此斷片之非長孫氏箋注本，殆已無疑義矣。或謂此斷片之非長孫氏箋注，信有徵矣，然仍無由見其爲陸氏書也。予謂法言切韵每字皆系切語，義之艱者間加訓注，當李唐末葉，日本源順著倭名類聚鈔引陸詞切韻五十四事，又南宋時日本僧瑞信著淨土三部經音義引陸詞切韻十六事，（師說詞即法言詳觀堂集林藝林八）與廣韻注同者逾半，其不同者亦在字句詳略間。集韻二冬亦引陸詞切韻注，可證法言書成時自作注。故長孫自序但謂之箋，而附注郭知玄更以朱箋之文，蓋皆自比於康成箋毛之義。孫愐唐韻序亦云，陸生切韻注有差錯，則法言原本之有注釋，固彰彰也。此斷片四十一字中有注者四之三，無注者四之一，與類聚集韻訥言緒正叔文之旨，宛爾合符，如此尚得謂非法言之原本乎。王師造音韻餘說，未及參較敦煌殘卷，故有此失。謹爲辨正如此。誠以古韻書之存於今者，惟此爲魯靈光。卷袠雖謝於汲冢，典刑見尙於虎賁。故略爲疏別，非好此嘵嘵矣。丙寅花朝。

廣韻敘錄校箋

大宋重修廣韻　四庫總目提要曰，考唐志宋志皆載陸法言廣韻五卷，按此言失實，新舊唐志均無此說，宋志所紀，殆亦字誤。則法言切韻亦兼廣韻之名，又孫愐以後，陳彭年以前，修廣韻者尚有嚴寶文裴務齊陳道固三家，三家之書宋初猶存，故彭年等所定之本，不曰新修，而曰重修，明先有此廣韻也，盼遂按通志藝文略宋書藝文志均載句中正雍熙廣韻一百卷，玉海四十五藝文類，亦載太平興國二年六月丁亥，詔太子中舍陳鄂等五人，同詳定玉篇切韻，是爲新定雍熙廣韻一百卷，端拱元年六月丁丑書成，上之，詔付史館，眞宗大中祥符元年，上距端拱不越廿載，太宗修切韻名新定廣韻，故眞宗再纂之書，錫名爲重修廣韻矣，紀氏之說未爲得也。

凡二萬六千一百九十四言　注一十九萬一千六百九十二字，顧炎武書重刊廣韻後曰，玉海言廣韻凡二萬六千一百九十四言。注一十九萬一千六百九十二字。（按顧氏不見宋本，故引玉海。）今僅二萬五千九百二言。注一十五萬三千四百二十一字。則注之刪去三萬二百七十一。而正文亦少二百九十二言矣。盼遂按亭林所刊之本。乃明內府略本。注經刪芟故也。據予所見古逸叢書覆宋本，澤存堂翻宋本，海鹽張氏藏宋巾箱本。正文之數皆同顧本。注則遠較顧氏爲多。如一東公下。顧本注止廿五字。三宋本則有九百字。或三宋本注文之多逾于玉海所云。惜未能細按也。元邵光祖跋切韻指掌圖云，廣韻凡二萬五千三百字，有切韻者三千八百九十文，是廣韻當元代已大有譌奪，顧氏所據之明內府本，當即由光祖所斥本而加以補葺者也。

又考封氏聞見記云，切韻凡一萬二千一百五十八字，然則廣韻增加者一萬四千三十六字，倍于陸氏元文矣。

陸法言撰本　此謂隋仁壽元年本也，法言事迹知之者少，惟朱彝尊謂法言家魏郡臨漳，王靜安師又考隨書陸爽傳，爽子法言，敏學有家風，開皇初法言與蕭顏諸公論韵，纔逾冠，諸公於法言均爲丈人行也，又因新舊唐志並有陸慈切韵五卷，日本古類書亦多引陸詞切韵，疑慈即詞之音譌，法言即詞之字，詞蓋以字行也，詳師書巴黎國民圖書館所藏唐寫本切韵後。

著作郎魏淵　敦煌石室所出唐寫本切韵，法言自序作魏彥淵，按隋書卷五十八魏澹傳，澹字彥深，按唐臣避高祖諱改淵爲深，鉅鹿下曲陽人也，專精好學，博涉經史，善屬文，詞采贍逸，爲諸學士，撰御覽，開皇初遷著作郎，此處澹爲淵之誤字無疑，或淵上奪彥字也，朱竹垞與魏善伯書，歷舉當時諸公鄉貫而不及彥淵，是朱氏未能知其誤也。

散騎常侍李若　當時同撰集者八人，惟若之名僅見于隋書崔儦傳，儦在齊時，與頓丘李若俱見稱重，時人語曰，京師灼灼，崔儦李若，卷七十八餘七人正史皆自有傳，顏之推郎琊臨沂人，見北史文苑傳，劉臻沛國相人，見隋書文學傳，魏彥淵鉅鹿人，辛德源隴西狄道人，同見卷五十八，盧思道范陽人，薛道衡河東汾陰人，同見卷五十七，蕭該蘭陵人，見儒林傳，朱竹垞謂八人中惟蕭該南士，餘皆北方之學者是也。

郭知玄拾遺緒正更以朱箋三百字　郭忠恕汗簡引郭知玄字略，夏竦古文四聲韵引郭知玄朱箋，靜安師云，日本見在書目有郭知玄切韵五卷，倭名類聚鈔引郭知玄韵一條，郭知玄曰五條，淨土三部經音義集引郭知玄五十三條，盼遂又按此文上當別有厶伯增加字一句，下當有長孫訥言增加字一句，方合，敦煌本切韵大題下另一行伯加千一字，長孫自序云，又加六百字用補闕遺，可證知玄關亮之前尚有人增字，惜陳彭年丘雍等當時未能詳覈也。

薛峋　靜安師唐諸家切韵攷曰，郭知玄關亮薛峋王仁煦祝尚丘孫愐嚴寶文務裴齊鄭道固凡九人，皆唐時撰切韵者也、日本倭類聚鈔引薛峋韵一條薛峋曰一條，日本淨土三部經音義集引薛峋三十條。

王仁煦　靜安師云，日本現在書目有王仁煦切韵五卷，淨土三部經音義集引王仁煦十三條，盼遂按仁煦切韵前歲清大內檢出殘箋三十九幅，皆題朝議郎行信安縣尉王仁煦撰。已由上虞羅氏影寫印行。乃此書不見于唐志及各家書目，抑可怪矣。

祝尚丘　夏竦古文四聲韵引祝尚丘韵書，靜安師云，日本見在書有祝尚丘韵五卷，倭名類聚鈔引祝尚丘韵一條，祝尚丘曰一條，淨土三部經音義集引祝尚丘十九條。

孫愐　愐之家世不詳，魏鶴山吳彩鸞唐韵後序曰，若夫孫愐叔文較定今本，亦有增加書字處，據此知愐字叔文。

裴務齊　郭忠恕佩觿引裴務齊切韵序，辨考老之說，王仁煦韵叙錄有承奉郎行江夏縣主簿裴務齊正字一行，靜安師云，日本見在書目，有裴務齊韵五卷，倭名類聚鈔引裴務齊韵二條。

陳道固　靜安師云，日本見在書目有陳道固切韵五卷。

支脂魚虞共爲一韵先仙尤侯俱論是切　敦煌本一字作不，非是。案此四句承上秦隴去聲似入，梁益平聲似去而言，所以譏時人于韵切之不分也，支脂魚虞之非共一韵，夫人而知之，若夫先下注云蘇前切，仙下注云相然切者，蓋法言注出時人之音，並讀先仙爲心母雙聲，以譏其俱論是切也，法言于韵部正文先字下注云蘇前切，仙字下注云胡然切惟敦煌本作胡然不誤，別本作相然切者，乃據切韵序妄改，蘇字本正齒心紐，胡字爲侯音匣紐，則時人讀先仙同紐之失昭然，法言之名其書爲切韵者，以其功半在甄明雙聲，不廪廪于辨章紐韵已也，尤侯二字下敦煌本不注切語，想當時體文同讀喻紐或匣紐，如先仙之渾淆等也，後學昧于陸意，妄依韵部中切語沾益，尤字下廣韵叙錄作羽求反，佩觿序引作羽後翻，侯字下廣韵叙錄作胡溝反，佩觿序引作乎溝，則二字異紐矣，使二字當時果異紐者，又何以解于下文淸濁皆通輕重有異之說邪，張守節史記正義論音例云，先仙尤侯治持之脂，若斯淸濁，實亦難分，博學碩才乃有甄異，知聲紐之不辨也久矣，非精邃如法言者，孰能正之，謂宜亟依敦煌本刪去陸本尤侯下切語。

夏侯該韵略　敦煌本該作詠是也，隋書經籍志，四聲韵略十三卷夏侯詠撰，李涪刊誤亦曰，梁夏侯詠撰四聲韵略十二卷，知該爲詠之形譌，顏氏家訓和凝本書證篇有夏侯詠，宋以後亦誤作夏侯該。

周思言音韻　按思言事蹟無考，隋書經籍志，聲韵四十二卷周研撰，謝啓昆疑思言即研之字，（小學考卷二十九）其說殆是，陸序下文稱李季節，亦舉其字也。

李季節音譜　隋書經籍志，音譜四卷李槩撰，季節疑即槩之字也，北齊書邢邵傳，妻弟李季節，才學之士，隋志又有槩續修音韵決疑十四卷，顏氏家訓音辭篇謂李季節著音韵決疑。

南北是非古今通塞　陸氏造切韵，離聲勢爲一百九十類，（據本師所考訂）學者靡不疑焉，實則分部之多，全由於有南北古今之異耳，如支脂之三部在今音固難有別，儻一考其源，則支爲佳歌戈麻之尾閭，脂爲微齊之族屬，之爲咍尤之原泉，固皆有條不紊，若網之在綱矣，推之東冬虞模蕭宵諸部，靡不同然，今音同而古音有異，則依古音而分部，此因古今通塞之故而分韻者，一也，次則隋唐之際，方音沸騰，之推家訓屢揭北音，元朗釋文時標南讀，故正名之事，收聲部位雖則相同，而聲有輕淺重濁之異，因而韻有開合洪細之別，切韻之中，魂痕同一收聲，以魂合口痕開口而分二部，眞臻同一收聲，以眞齊齒臻開口，而分二部，擕舉一隅，其全可占，古音同而方音有異，亦據方音而分部，此則因南北是非之故而分韻者，二也，依音理，聲勢至多不能過十名，陸韻之所以緐穰至二百者，誠上二故之由，學者苟察及法言此語，則可以無惑矣，又見餘杭章先生音理論，有言廣韻所包，兼有古今方國之音，非並時同地得有聲勢二百六種也，自注，東鍾陽清靑之辨，蓋由方國殊音，甲方作甲音者，乙方則作乙音，乙方作甲音者，甲方又作乙音，本無定區，故殊之以存方語耳，按此說亦即足明陸氏南北古今之意，故遂錄如右。

今返初服私訓諸弟子凡有文藻既須明聲韵　敦煌本弟下無子字，須下無明字，是也，隋書陸爽傳，初爽爲洗馬，嘗奏高祖，皇太子諸子請更立名字，及太子廢，上追怒爽曰，其身雖故，子孫並宜廢黜，終身不齒，法言竟坐黜名，考太子勇廢在開皇二十年，時法言當四十左右。

以報絕交之旨　以前所記者　上以字讀爲已，以已古同字，下以字聲借作與，鄉射禮各以其耦進，注以與也。

前豐州多田縣丞郭知玄拾遺緒正更朱箋三百字其新加無反音皆同上音也　敦煌奪此三十二字，玩文義爲訥言序後附注語，敦煌本法言序前有伯加千一字一行，亦訥言注語也，乃敦煌本奪此郭箋條，今本又奪伯加條，因知物情之難齊也。

愧以上陳天心　按上陳天心句不辭，天心疑爲恧之誤分，吳彩鸞寫唐韵序正作恧愧上陳，卞令之式古堂書畫彙收卷之八，後恧譌爲天心，因遂寘陳下，又加之字耳。

又按此句以上皆開元廿年上書舊文，自又有元青子以下至徒拘碎文辭耳四百三十九字，則天寶十載所補綴者也，（說本本師書式古堂書畫彙攷所錄唐韻後）

迄開元三十年　唐女仙吳彩鸞楷書四聲韻帖序作開元廿年是也，開元無三十年，開元廿九年之次年爲天寶元年，後人妄改廿作卅，蓋欲取合于書中州縣名號而然耳。

汝陽侯榮　述義黎氏刊元本廣韻，汝陽侯榮作汝陽侯陽，考唐代以前封汝陽侯者五人，鄧景（後漢書鄧禹傳）唐衡（後漢書宦者傳）呂思禮及子亶（周書呂思禮傳）陸延（魏書陸眞傳）不聞有榮及陽，此句或有誤字，然不可考矣。

又紐其脣齒喉舌牙部仵而次之　近儒陳蘭甫嘗引此句而說之曰，仵者參錯無次弟也，韵有一東二冬三鍾四江之次弟，而聲則無次弟，如東字冬字舌音，鍾字齒音，江字牙音，而皆可爲韵部之首也，（切韵考卷二聲類攷序）盼遂按陳氏之言是，而義未洽，所謂仵其脣齒喉舌牙者，即謂一部之字仵[illegible]而陳列也，今且舉東韻字言之，公弓牙音見母，空穹牙音溪母，窮牙音羣母，㟖牙音疑母，東舌頭端母，通舌頭透母，同舌頭定母，中舌上知母，忡舌上徹母，蟲舌上澄母，蓬重脣並母，蒙曹重脣明母，風輕脣非母，豐輕脣敷母，馮輕脣奉母，嵏正齒精母，悤正齒清母，叢正齒從母，檧嵩正齒心母，終齒頭照母，充齒頭穿母，崇齒頭床母，翁喉音影母，融雄喉音喻母，烘喉音曉母，洪喉音匣母，籠隆舌齒音來母，戎舌齒音日母，使唐韻當日循此序排比，經以聲勢，緯以體文，可以消後人切韻表之紛紜矣，惜孫氏不解出此，而猥以東同中蟲爲系，舂嵩淩雜，漫無倫緒，所謂部仵而次，正斥此也，

有可紐不可行之及古體有依約之並采以爲証　數語不能句讀，必有譌奪，圖書集成經藝典引，作其可紐不可行及古體有依納（當爲約之誤）之音，並采以爲証，庶無壅而昭其憑，較爲明晳，或所據本不誤，抑經臆改，未敢知也

前後總加四萬二千三百八十三言　按此指注釋字數言也，孫氏所增加正

文，據吳縣蔣氏唐韵殘卷計之，不過韻陸七分之一也，（盼遂箸敦煌本切韵殘卷字數攷言之甚詳）晁公武讀書志乃謂愐加正文有此數，失考甚矣，又前者謂開元二十年所注，後者謂天寶十載復編入元青子吉成子所談說也，

論曰一段　靜安師云，此段爲孫氏部敍後之總論，魏鶴山唐韵後序，謂孫氏部敍於一東下注云德紅反濁滿口聲，自此至三十四乏皆然，此論即自論所爲用五音清濁分韵之理，今本皆刪削部目，遂使孫氏論旨不易攷見矣，盼遂按師說極塙，惟此論文極樸古，不易了然，近儒陳蘭甫切韵攷卷六於此段釋之甚詳，雖有戾于本師之指，（師意謂孫氏清濁以韵部爲單位即平上去入四聲每聲中各韵自有清濁陳氏則謂清濁以平上去入四聲爲單位不關於二百六部也）亦錄之以見一耑，古無平上去入之名，借宮商角徵羽以名之，李類聲類以五聲命字，呂靜韵集宮商龣徵羽各一篇，此所謂宮商龣徵羽即平上去入四聲，其分爲五聲者，蓋分平聲清濁爲二也，陸氏切韵，清濁合爲一韵，孫愐唐韵序後論云云，此解說切韵之作，分四聲不分五聲之故也，所謂宮羽徵商即平

上去入也，平上去入各有清濁，不可但分一聲之清濁以足五聲之數，若四聲皆分清濁爲二部，則太繁碎，故不可分也，

茲覶敦煌本切韵陸法言長孫訥言序，式古堂本孫愐唐韵第一序，以資參鏡，

切均序　陸法言撰　盼遂按茲依靜安師臨敦煌本寫出。凡字外有方匡者。皆盼遂據廣韵叙錄補入。

伯加千一字

昔開皇初，有劉儀同臻 顏外史之推 盧武陽思道 魏著作彥淵 李常侍若 蕭國子該 辛諮議德源 薛史部道衡 等八人，同詣法言門宿，夜永酒闌，論及音韵，以古今聲調，既自有別，諸家取舍，亦復不同，吳楚則時傷輕淺，燕趙則多涉重濁，秦隴則去聲爲入，梁益則平聲似去，又支章移反 脂旨夷反 魚語俱反 虞語俱反，共爲不韵，先蘇前反 仙相然反 尤侯，俱論是切，欲廣文路，自可清濁皆通，若賞知音，即須輕重有異，呂靜韵集，夏侯泳韵略，陽休之韵略，李季節音譜，杜臺卿韵

略，各有乖互，江東取韻，與河北復殊，因論南北是非，古今通塞，欲更捃選精切，除削疏緩，顏外史蕭國子多所決定，魏著作謂法言曰，向來論難，疑處都盡，何爲不隨口記之，我輩數人，定則定矣，法言即燭下握筆，略記綱紀，後博問英辯，殆得精華，於是更涉餘學，兼從薄宦，十數年間，不遑修集，今返初服，私訓諸弟，凡有文藻，即須聲韻，屏居山野，交遊阻絕，疑惑之所，質問無從，亡者則生死路殊，空懷可作之歎，存者則貴賤禮隔，以報絕交之旨，遂取諸家音韻古今字書以前所記者，定之爲切韻五卷，剖析豪氂，分別黍累，何煩泣玉，未可懸金，藏之名山，昔怪馬遷之言大，持以蓋醬，今歎揚雄之口吃，非是小子專輒，乃述羣賢遺意，甯敢施行人世，直欲不出戶庭，于時歲次辛酉大隋仁壽元年也，

切韻箋序

訥言謂，陸生此製酌古沿今，推而論之，無以加也，然苦傳之已矣，按矣爲久之訛

失本一畫，評唯千里，弱冠嘗覽顏公字樣（中興書目顏師古字樣一卷），見炙從肉，莫究厥由，輒意形聲，固當從夕，及其晤矣，彼乃乖斯，若靡馮焉，他皆倣此，頃以佩經之隟，沐雨之餘，楷其紕繆，疇茲得失，銀鉤𢿍閱，晉豕成羣，盜㯹行披，魯魚盈貫，遂乃廣徵金篆，遐泝石渠，略題會意之詞，仍絕（按絕爲紀誤）所由之典，亦有一文兩體，不復備陳，數字同歸，唯其擇善，勿謂有增有減，更慮不同，一點一撇，咸資則像，又加六百字，用補闕遺，其雜類並爲訓釋，但稱案者，俱非舊說，傳之弗繆，遮（當爲庶之訛）琦箋云。于時歲次丁丑，大唐儀鳳二年也。

唐韵序第一

朝議郎行陳州司法參軍事臣孫愐上

蓋文字聿興，音韵乃作。蒼雅（吳氏大觀錄作蒼頡爾雅）爲首，詩頌次之。則有字統字林韵略，（大觀錄字林下有韵集）述作頗衆，得失平（大觀錄作互）分。惟陸法言切韵，盛行於代。（大觀錄作世）

然隋珠尙纇，和璧仍瑕。（大觀錄璧作玉）遺漏字多，訓釋字少。若無刋正，何以討論。我國家掩武修文，大崇儒術。置集賢院，（大觀錄賢下有之字）召才學之流。自開闢以來，未有如今日之盛。上行下效，比屋可封。輒罄謏聞，敢補遺闕。兼集（大觀錄集作翟）諸書，爲注訓釋。（大觀作具爲訓釋）州縣名目，多據今時。（大觀錄目作號多作亦）又字體偏傍，點畫意義。从才从木，着彳着八。並悉具言，庶無紕繆。其異聞奇怪傳說殊，（大觀錄殊下有訛字其下有有字）姓氏源由，土地總產，（大觀錄總作物）山河草木鳥獸蟲魚。略載其間，（大觀錄畧作備）皆引憑據。今加三千五百字，通舊總一萬五千文。其註訓解不在此數。勒成一家，（大觀錄家作書）並具三教。名曰唐韵，蓋取周禮之義也。（大觀錄取下有周易二字）皆按三蒼爾雅字統說文玉篇石經聲類韵譜，九經諸子，史經漢三國誌，晉宋後魏周隋陳梁兩齊等史，本草姓苑風俗通古今注，賈執姓氏英賢傳，王僧孺百家譜，文選諸集，孝子傳，輿地誌。（大觀錄字統下有字林聲下無類字史經漢作史漢諸集作諸賢集）及武德以來創置，迄於開元二十年。（大觀錄作三十年）並列注中。等失輿誦，戰汗交集。（大觀錄戰作流）恧愧上陳，死罪死罪。

盼遂按卞吳二書所錄孫氏第一序互有異同得失，今以卞爲主而附吳書異文于每句之下以備參稽，

唐韻卷第一　平聲五十　平聲上廿六韻

唐韻卷第二　平聲下廿八韻

唐韻卷第三　上聲五十二韻

唐韻卷第四　去聲五十七韻

唐韻卷第五　入聲三十二韻

盼遂重定唐韻叙目考附

唐均序第二

陳州司法孫愐序文存廣均首不錄

部目

唐韻卷第一　平聲上廿九韻

一東德紅反濁滿口聲　二冬都宗反　三鍾職容反　四江古雙反　二六八

五支章移反　六脂旨夷反　七之而止反　八微無非反

九魚語居反　十虞語俱反　十一模莫胡反　十二齊徂稽反

十三移成鷄反　十四佳古膎反　十五皆古諧反　十六灰呼灰反

十七咍呼來反　十八眞職鄰反　十九諄章倫反　廿臻側詵反

廿一文武分反　廿二殷於斤反　廿三元愚袁反　廿四魂戶昆反

廿五痕戶恩反　廿六寒胡安反　廿七桓胡官反　廿八刪所姦反

廿九山所間反

唐韵卷第二　平聲下二十九韵

卅先蘇前反　卅一仙相然反　卅二蕭蘇彫反　卅三宵相焦反

卅四肴胡茅反　卅五豪胡刀反　卅六歌古俄反　卅七戈古禾反

卅八麻莫霞反　卅九覃徒含反　卌談徒甘反　卌一陽與章反

卌二唐徒郎反　卌三庚古行反　卌四耕古莖反　卌五清七精反
卌六青倉經反　卌七尤雨求反　卌八侯胡溝反　卌九幽於求反
五十侵七林反　五十一鹽余廉反　五十二添他兼反　五十三蒸諸膺反
五十四登都滕反　五十五咸胡讒反　五十六銜戶監反　五十七嚴語驗反
五十八凡扶芝反

唐韵卷第三　上聲五十四韵

一董多動反濁滿口聲　二腫之隴反濁滿口聲　三講古項反　四紙諸氏反
五止職雉反　六止諸市反　七尾無匪反　八語魚舉反
九麌虞矩反　十姥莫補反　十一薺似禮反　十二蟹鞋買反
十三駭諧楷反　十四賄呼猥反　十五海呼改反　十六軫之忍反
十七準之允反　十八吻武粉反　十九隱於謹反　廿阮虞遠反
廿一混胡本反　廿二很痕懇反　廿三旱河滿反　廿四緩呼管反

廿五潸數板反　廿六產所簡反　廿七銑蘇顯反　廿八獮息淺反
廿九篠穌鳥反　卅小私兆反　卅一巧苦絞反　卅二晧胡老反
卅三哿古我反　卅四果古火反　卅五馬莫下反　卅六感古禫反
卅七敢古覽反　卅八養餘兩反　卅九蕩堂朗反　卌梗古杏反
卌一耿古幸反　卌二靜疾郢反　卌三廻戶鼎反　卌四有云久反
卌五厚胡口反　卌六黝於糾反　卌七寑七稔反　卌八琰以冉反
卌九忝他玷反　五十拯蒸上聲　五十一等多肯反　五十二豏下斬反
五十三檻胡黤反　五十四范防叐反

唐韵第四　去聲五十九韵

一送蘇弄反濁滿口聲　二宋蘇統反濁滿口聲　三用余頌反　四絳古絳
五寘支義反　六至脂利反　七志職吏反　八未無沸反
九御牛據反　十遇牛具反　十一暮莫故反　十二泰他蓋反

十三霽子計反
十四祭子例反
十五卦古賣反
十六怪古壞反
十七夬古邁反
十八隊從對反
十九代徒耐反
廿廢方肺反
廿一震章刃反
廿二稕之閏反
廿三問亡運反
廿四焮香近反
廿五願魚怨反
廿六慁胡困反
廿七恨胡艮反
廿八翰候幹反
廿九換胡玩反
卅諫古晏反
卅一襉古莧反
卅二霰蘇佃反
卅三線私箭反
卅四嘯蘇弔反
卅五笑私妙反
卅六效胡教反
卅七號胡到反
卅八箇古賀反
卅九過古臥反
卌禡莫駕反
卌一勘苦紺反
卌二闞苦濫反
卌三漾餘亮反
卌四宕徒浪反
卌五映居慶反
卌六諍側迸反
卌七勁居正反
卌八徑古定反
卌九宥丁救反
五十候胡遘反
五十一幼伊謬反
五十二沁七鴆反
五十三豔以贍反
五十四㮇他念反
五十五證諸應反
五十六嶝都鄧反
五十七陷戶韽反
五十八鑑格懺反
五十九梵扶泛反

唐韵卷第五　入聲三十四韵

一 屋 烏谷反濁滿口聲
二 沃 烏酷反濁滿口聲
三 燭 之欲反
四 覺 古嶽反
五 質 之日反
六 術 食聿反
七 物 無弗反
八 櫛 阻瑟反
九 迄 許訖反
十 月 魚厥反
十一 沒 莫勃反
十二 曷 胡葛反
十三 末 莫割反
十四 黠 胡八反
十五 鎋 胡瞎反
十六 屑 先結反
十七 薛 私列反
十八 錫 先擊反
十九 昔 私積反
廿 麥 莫獲反
廿一 陌 莫白反
廿二 合 胡閤反
廿三 盍 胡臘反
廿四 洽 侯夾反
廿五 狎 胡甲反
廿六 葉 與涉反
廿七 怗 他協反
廿八 緝 七入反
廿九 藥 以灼反
卅 鐸 徒各反
卅一 職 之翼反
卅二 德 多則反
卅三 業 魚怯反
卅四 乏 方法反

右唐韵部目表者，盼遂據王靜安師唐時韵書部大先後表比音而成也，平聲一先以下，不特起數者，魏鶴山跋所藏唐韵後云，於二十八刪二十九山之後，繼之以三十先三十一仙，上聲去聲亦然，今之爲韵者平聲輒分上下，自以一先二仙爲下平之首，由魏氏之言，知唐韵本不分上下，其記數起東畢凡，一以貫之也。至若孫氏前後學者頗多析平聲爲上下，要自以卷袠胝重之故，無關於音理也，師謂孫氏唐韵有二本，式古堂所藏，開元二十年本也，吳縣蔣氏所藏，天寶十載本也，前者一準陸舊，後者自成別裁，盼遂謂鶴山所藏亦後本矣，前本上平韻只二十六，入聲三十三。鶴山本則有二十八刪二十九山，入聲有三十四，其爲後本可知，魏氏唐韻又有部叙，於一東下注云德紅反濁滿口聲，自此至三十四乏皆然，嘗擬據之補清濁於韻表中，惟六朝唐人所云清濁，至爲藹胡，難于塙指，魏文帝云，文以氣爲主，氣之清濁有體，不可力强而致，（典論論文）范蔚宗云，性別宮商識清濁，斯自然也，（後漢書自序）顏之推云，南方水土和柔，其音清舉而切詣，北方山水深厚，其音沈濁而訛鈍，（家訓音辭篇）陸法言云，吳楚則時傷輕淺，燕趙則多涉重濁，（切韵序）陸德明云，方言差別固自不同，河北江南最爲鉅異，或失在浮清，或滯於沈濁，（經典釋文敘錄）孫愐云，引字調音，各自有清濁，（唐韻序論）景審云，吳音與秦音莫辨，清韵與濁韵難明，（慧琳一經音義序）凡斯清濁難爲義界，立字母四聲呼等之說者，亦徒滋紛紜，未摘玄珠，惟張守節史記正義例云，先仙尤侯治持之脂僖熙嬉嘻（並許其反）希晞晞稀（並虛哉反）若斯清濁，實亦難分，博學碩材，乃能甄異，張氏此言亮爲達識。彼誠慨夫清濁之難理董，學士之務破碎也。今於韵目下，不盡如孫氏注清濁。以附於疑事無質之訓，亦以師張公之意爾。

黃氏古音二十八部商兌

第一節　廿八部溯原

老子曰，『三十輻共一轂，當其無，有車之用。埏埴以爲器，當其無，有器之用。故有之以爲利，無之以爲用。』子墨子曰，『纑虛也者，兩木之間謂無木者也。』故知天下之大用，恒在無與虛矣。卽爲音韻學者亦，未嘗非如是也。勝朝士夫，精覃古音。顧炎武考古無輕唇，錢大昕知古無舌上，章太炎知古音娘日二紐歸泥。然止用以辨呼等，定聲類。其於用未闚肆也。乃當時所藉以考古韵者，亦惟據許書之偏傍，準詩騷之諧聲而已。迨及共和，蘄州黃季剛先生起，獨取陳蘭甫切韵攷內外篇玩索有得，洞見古聲十九紐，古音二十八部。反覆證明，得其環中。信所謂化神奇於腐臭，以無用爲有用者矣。顧黃先生具何縣解，奏茲膚公？其術蓋二。容分述之。

黃先生於切韵考韵經紐緯表中，見有韵部若干，絕無知徹澄娘非敷奉微日九紐。此九紐古音無之，固顧錢章三氏所甄明者也。進察此若干韵中，且並無羣斜照穿牀審禪喻八紐。則此八紐之爲古音所無，亦無待言矣。再進而考廣韵二百六韵中，不見此十七紐者凡得三十二韵（以平賅上去）。則此三十二韵之爲古韵無疑矣。又考歌，戈，曷，末，桓，寒，魂，痕八韵，徒以兼開合而分。於古本四部也。故仍從古合之。三十二韻減四，遂得廿八部焉。

黃先生又察廣韻分等，開口合口各爲四等，窒礙難通，樹義破碎。實則古音惟有二等，開合自類，各可洪細。其大齊不越四。等韵家復於洪細之間，又加半細半洪而爲八等，故治古音者取其兩端，可與道古。切韻考每字書明聲等，凡一等呼者廿四韻，四等呼者若干韻，而此三十二韻之等呼，非一則四。其四等或偶非本音，其一等則絕不見變音。此殆左校慈令相傳之舊，妙契天成，非偶然也。據聲類以摭古音，亦如璽之封泥，表之測景，無慮爽

差矣。（此本餘杭章氏所明，詳音理論及文始畧例諸文中，特黃先生更加確鑿耳，）

由上二證，故二百六韻中，若者本音，若者變音，逕可由廣韻一書而定。更不必乞籠於詩騷，假靈於說文，而自與詩騷之分韻，說文之諧聲，全部脗合，豪無遊移，誠快事也。先生因是作古音論音韻說音韻略例三書，備述弘恉，以教學官。幷世之碩學老師之說律度者，亦翕然以廿八部之說爲極則。誠哉奏鼚窔之絕技，爲音學之大成矣。今迻錄黃氏古音廿八部表於左，兼注其聲勢及變韻，俾便學士之參核云。

二十八部分韻正變表

部次	部目	聲勢	隸屬變韻平	隸屬變韻上	隸屬變韻去	隸屬變韻入
一	屑	開合細				質術櫛黠薛陌
二	先	開合細	眞諄臻刪仙	軫準潸獮	震稕諫線	

三	灰	合洪	脂微皆	旨尾駭	至未怪	
四	沒	合洪				術物祭
五	魂痕	開合洪	微諄文欣	尾準吻隱	未稕問焮	
六	歌戈	開合洪	支麻	紙馬	寘禡	
七	曷末	開合洪				月黠鎋薛祭泰廢夬
八	桓寒	開合洪	元山仙	阮產	願襉	
九	齊	開合細	支佳	紙蟹	寘卦	
十	錫	開合細				麥昔
十一	青	開合細	庚耕清	梗耿靜	映諍勁	
十二	模	合洪	魚虞麻	語麌姥	御遇暮	
十三	鐸	開合洪				藥陌

十四	唐	開合洪	陽庚	養梗	漾映	
十五	侯	開合洪	虞	麌	遇	
十六	蕭	開細	肴尤幽	巧有黝	效宥幼	
十七	屋	合洪				燭覺
十八	東	合洪	鍾江	腫講	用絳	
十九	豪	開合洪	宵肴	小巧	笑效	
二十	沃	合洪				屋沃
二十一	冬	合洪	鍾江	鍾講	用絳	
二十二	咍	開合洪	之尤	止有	志宥	
二十三	德	開合洪				麥職
二十四	登	開合洪	耕蒸	耿拯	諍證	

二十五	合	洪				緝洽狎業乏
二十六	覃	洪	侵咸銜嚴凡	寑豏檻儼范	沁陷鑑釅梵	
二十七	怗	細				葉洽業
二十八	添	細	鹽咸嚴	琰豏艷	艷陷釅	

第二節　廿八部變聲說

廿八部古本音三十二韻反語皆用古本紐，信矣。然考之廣韻，反語上字有變聲者，亦復恒覯。學者于此，往往回惑，疑其言之不諭。黃先生於民國庚申與湖南友人論治小學書載武漢高師國學卮林，曾為舉證說明。今錄其例如下：

先韻有狗字牀紐，（在十九古本紐外，此變紐也，後放此，）此增加字，

灰韻上聲有倄字為紐，此增加字，

曷韻有藒字喻紐，此增加字，

桓韻上聲有鄹字邪紐，此增加字，

齊韻有鑴字日紐，此增加字，

齊韻又有移字禪紐，此增加字，

齊韻去聲有遾字徹紐，此增加字，

錫韻有歡字徹紐，此增加字，

侯韻上聲有鯫字牀紐，此增加字，

東一類去聲有諷（非紐）賵（敷紐）鳳（奉紐）以平聲準之，此三字當入第二類，

咍韻有犕字穿紐，此增加字，

咍韻上聲有腆字喻紐，有疓字日紐，皆增加字，

此凡變聲諸字，雜在本音中者。先生云『大抵後人沾益，綴於部末，非陸君之舊。未可依是而撼及二十八部。』今按此言甚是。然嘗考之廣韻三十二韻中之變紐，爾中所未及舉者，倘不乏有。因復剌取如下，注以切語，俾

定其變。

先韵上聲有編字方典反，非紐，

先韵入聲有猕字方結反，非紐

灰韵有胚字芳杯反，奉紐，

灰韵上聲有䭔字陟賄反，知紐，

魂韵去聲有奔字甫悶反，非紐，

戈韵有瘸字巨靴反，羣紐

又有伽字求迦反，羣紐，

戈韵去聲有縛字符臥反，奉紐，

錫韵有甓字扶歷反，奉紐，

登韵去聲有棚字父鄧反，奉紐，

又有𥳍字方澄反，非紐

又有懵字武亘反，微紐。

侯韻上聲有掤字方垢反，非紐，

咍韻有陪字扶來反，奉紐，

咍韻上聲有茝字昌待反，穿紐，

以上變紐十五文-黃先生所未及舉。總上黃先生所錄者共得三十字，皆悖繆於古音紐定則，使學士滋惑者也。盼遂嘗深思所以致誤之由，至於輾轉伏枕而不能解。迨後得唐寫本王仁昫切韻（清大內出吳彩鸞唐寫本上虞羅氏印，）唐寫本切韻（海寧王先生影寫敦煌石室殘卷三種，）及唐寫本唐韻（吳縣蔣氏藏吳彩鸞寫本殘卷）取以參校廣韻，此疑頓爾冰釋。前方三十字中其東部去韻諷賵鳳三字此不論，說詳下章。若狗鄒遂歜擣膄疓鬵瘸迦縛棚陪等十四字，皆不見於陸孫之書。若䰟韻去聲之奔，唐韻則脯悶反，注云一加。侯韻上聲之鯫，切韻作士垢反，是二字仍屬古本紐也。餘如胚倄茝編弸甓篰懵掤鶩栘等十一字，二書則均同廣韻。疑出於長孫箋注諸正朱箋所加，非陸氏所本有。不然，何以茲十一字均𨻶於部末，而與上文不一例邪。由是益徵黃先生之精於推論。然非得唐氏秘書，亦終爲託辭而未敢質言之矣。

第三節　二十八部匡失

黃先生分古音二十八部，組織美備，一時學人莫不奉爲藝極，稟之南針，誠盛業也。惟賢者千慮，難必於一失，勇士操戈，色變於蜂蠆。故其小小匡刺，未克盡免。尙有徯於來者之補綴。盼遂恪本是指，舉表中違失之尤者五事，而救正焉。譬則嘒星之繼朝陽，飛塵之集華嶽，雖無大明之曜，庶見涓埃之勤焉爾。

一事，東冬不宜各部宜幷東於冬。

冬部離東獨立，始於孔㢲軒，（詩聲類）而成於江晉三。（二十一部諧聲表）迨餘杭章氏（文始）蘄春黃氏纘纂是說，幾成定論。然當孔江之時，王石渠獨不謂然。其答陳石甫問古均部分書云，『若冬均則合於東鍾江而不別出。』（嘉慶己卯）與江晉三論均書，云『孔氏分東冬爲二，念孫亦服其獨見。然考蓼蕭四章，皆每章一韵。而第四章之「冲冲」「雝雝」，旣相對爲文，則亦相承爲均。孔以冲冲均濃，雝雝均同，似屬牽强。旄邱三章之戎東同，孔謂戎字不入均。然「蒙戎」爲疊均，則戎之入均，明矣。左傳作尨茸，亦與公從爲均也。又易象傳象傳合用者十條，而孔氏或以爲非均，或以爲隔協，皆屬武斷。又如離騷之庸降爲均。凡若此者皆不可析爲二類。故此部至今尙未分出云云。』（道光辛己）則東冬之不當爲二，石臞之說至爲明晝。故朱氏定聲只存豐類。朱駿聲說文通訓定聲黃氏禮故併歸七部。黃以周禮書通故六書通故三準高郵之旨，正曲阜之失。蓋有見也。海甯王靜安師，亦嘗據詩書中東冬二均通借字，如書盤庚肆予冲人，冲爲僮之借，詩節南山不宜空我師，空爲窮之借，證東冬分部之失。此考之典籍，知東冬之不可分也。且不第此，即按諸均書切語，亦足以申明此理。廣韵二百六均中凡古本音皆只有本音，不雜變音。凡變音皆本音雜有變聲，而本聲亦爲變聲所挾而變，此黃先生所立科律據以平秩古音者也。今試按之廣均，如冬模齊灰咍魂痕桓寒仙蕭豪歌戈唐青登侯覃談添添沃曷末鐸錫沒屑德合盍怗三十三均，（字外有匣當者，盼遂所新加，後有說，）皆止有古聲十九紐無變紐。此古本音不待證明者也。（其間亦或有一二變紐，然多係妄人增加，上章已有說，）惟東均字三十六紐中，古本音者凡十八紐。聲古而均變者五紐，其聲均俱變者凡十三紐。（編稽古本音三十三韵皆無變聲且無變韵，今東韵中變聲旣繇，變韵亦夥，足證東韵之非古，然意在攷聲，故於變韵姑置之也。）黃先生於此曾列表而爲之說。

東均分類表

第一類本音

翁（影）烘（曉）洪（匣）公（見）空（溪）𡷫（疑）東（端）通（透）同（定）㺜（泥）籠（來）葼（精）怱（清）叢（從）

𢠵（心）琫（邦）蓬（並）蒙（明）

第二類變音

弓（見）穹（溪）隆（來）嵩（心）曹（明）　以上變均

融（喻）雄（爲）窮（羣）中（知）忡（徹）蟲（登）戎（日）終（照）充（穿）崇（牀）風（非）豐（敷）馮（奉）　以上變聲

說曰，東均分本音變音兩類，變音者多冬登均字。二十八部表中之東，蓋專取其第一類立名也。然盼遂嘗稽之東均去聲，第一類有諷（方鳳切非紐）賵（撫鳳切敷紐）鳳（馮貢切奉紐）三紐，是本音中有變聲矣。或謂此三紐以平聲準之，當入第二類。誠如是轂過紑斷，不可究詰，廢炤炤之證，憑臆揣之私，懷先入之見，操雌黃之辭。則古均之明，直俟河清矣。竊謂東冬同爲合口洪音，明其原同。冬無變聲爲本均，東多變聲則支均也。東爲冬之衍變，其直猶江鍾歟。特前修祇知冬當併合于東，今則知東不能離冬而獨立。此又徵之音理，而知東之宜併合于冬者也。

二事、屋沃不宜各部，宜並屋于沃。

盼遂案東屋冬沃相爲平入。東既併合于冬，則屋自宜併合于沃，不煩疑證。

三事、歌戈寒桓曷末三組皆宜合併，單稱曰歌曰寒曰末。

二百六均中陰聲之歌戈，陽聲之寒桓，入聲之曷末，各析爲二類，肇自唐均。切均尙不爾也。唐寫本切韵，只有歌無戈，有寒無桓，有末無曷古韵書之存者，惟切均殘卷。考古者自宜據爲準繩。今謂宜併桓入寒，併戈入歌，併曷入末。且歌戈，寒桓，曷末聲等洪細亦同，歸爲一均，固其所也。正不必多此部目。

四事、泰爲古本音，宜提升爲部首，與末均同居，以率去入均祭夬廢三均。

考諸均書，泰均字絕無變紐。又其聲勢皆居一等。爲古本音誠無所疑。黃先生之不以列居古本音者，殆以去入均之去聲，多由入聲蛻嬗而成。因降泰使隸於曷末，謂之變均。盼遂竊謂四聲者周沈所定，非商周已即如此。以詩騷用均觀之，知泰於古本爲入聲，特後世變而爲去耳。考古均不以其本音爲據，乃據後世之變音，此亦通人之蔽也。今謂宜放魂痕同列之義，升泰爲古本音，與末均同居。

五事、談盍皆爲古本音，宜取出與覃合同居。

談均上聲廣均有灦字，賞敢反添組盍均有譫字，章盍反照組故考文者多疑爲非古均。實則考之切均，本無灦字。稽之唐均復無譫字。知二字由後人增加，談與盍實古本音也。談與覃，盍與合，同屬洪音。謂宜談覃比翼，合盍連理，俱稱本音。用魂痕泰末之例，則庶乎免於偏枯之疾矣。

文成後，見先生門人某氏所著音略，述黃氏均表列盍怗同居，談添同居。是先生日後亦悟此失，惟談添聲等爲開口洪音，添怗爲合口細音，仍形鑿枘耳。又鹽城陳鍾凡亦知此理，輒取談盍特起，爲古音三十部，如是則魂痕泰末亦必盡分而可。古均益闇闕矣，上二說統失之也。

由上五事觀之，則二十八部之分配，尙俟于刪減調度者實多。謹以膚識，參之諸家均書，重爲釐定如下表。

古音二十六部配合表

陰聲	入聲	陽聲

	一屑	二先
三灰	四没	五魂痕
六歌 黃氏歌戈	七泰末 黃氏曷末	八寒 黃氏寒桓
九齊	十錫	十一青
十二模	十三鐸	十四唐
十五侯	十六沃 黃氏屋幷	十七冬 黃氏東幷
十八蕭	十九怗	二十添
廿一豪	廿二合盍 黃氏合	廿三覃談 黃氏覃
廿四咍	廿五德	廿六登

附錄一

王安石字說源流考

劉銘恕著

上編

a.王氏對文字之根本態度及其所受之影響
b.字說開始時及中斷
c.撰述同人及其材料
d.撰字說時期的生活
e.同時人對於字說的旨趣

下編

a.纘撰及完成
b.篇卷部類版本及篆寫人
c.字說在當時的地位
d.字說的廢禁及復興
e.亡佚的時代

孟子說過：『誦其詩，讀其書，不知其人可乎？』若王安石字說己佚，要考其書，更須知其人。王氏向推爲政治家，其政治主張如何？他雖是復古的主張，但非普通的復古，乃是追向原始社會的復古。此種主張，在他的兼幷詩中，表白最淸楚。大略是說，三代的時候，人無私有財產，私有財產之起，實爲社會不平之惡習慣。洪邁更詳細的解釋說，他不忍貧民，而深疾富民，志欲破富以惠貧，故賦此詩。（容齋四筆卷四）安石旣以此種意志來治文字學，當然要與衆不同，如他說貧富二字云，『同田爲富，分貝爲貧』。便含有他的政治主張。及其撰字說，首先反對說文，重新創造。謂凡文字之結構姿勢，皆本乎自然之象，猶原始人類之各樂其樂也。無所謂聖人造字，有之，則爲文字之糟粕耳。則其思想之深造爲如何哉？不幸字說久佚，即偶有見存於他書者，人亦不恒見到，不能不引爲憾事。是以家兄盼遂先生，早擬爲此書輯佚。大辭典編纂處，亦擬參取以備一說。惟尙未告就。銘恕近因字說之眞相，旣不得見，如能將是書之原委情形，彙於一編，亦可見其崖略。遂東鱗西瓜，凡字說中遺聞遺事，皆以類爲別，明其歷史，及其他之各點，并兼及有宋一代文字學之大概趨勢云。

上編

a 王氏對文字之根本態度及其所受之影響

在考查安石字說問題之前，須先明有宋一代文字學之情形。篆書一門，推首功者必爲徐鉉徐鍇兄弟。鐘鼎古文字，亦始宋之郭忠恕夏竦歐陽修趙明誠諸人。然鉉鍇兄弟所校訂之說文，爲許愼之舊，茲可不論。其新附者，後人頗有不以爲然者，所以作新附考者，實屬屋上架屋。至於一般研究古文字而捕風捉影者，實在指不勝屈。到清代古文學家出，大半爲之洗去。宋史二百九十六卷王著傳說，『太宗以字書舛訛，欲令學士刪定。少通習者。』桐陰舊話說：『韓莊敏公諱縝，字玉汝。初求字於歐陽文忠公，公以小合幅紙，書玉女二字送來。莊敏大不樂，明日相見，猶有慍容，文忠公曰，出處無點水，今何怪也！取筆添女旁三點，相與一笑。蓋詩中「王欲玉女」發音作汝也。』宋祁筆記釋俗類有曰『余友楊備得古文尚書釋文讀之，大喜，於是書訊刺字，皆用古文。僚友不之識，指爲怪人』。據以上幾點看，我們很相信宋人對於文字學的冷淡，及無研究。即有留心於文字者，亦各樹標幟，以個人之見解爲見解。安石即生逢此時，其稟性尤爲新異，更識奇文僻字，對於文字當然也有不少新的見解。熙甯字說自序有曰：『余讀許愼說文，而於書之意，時有所悟。因序錄其說爲二十卷，以與門人所推經義附之。惜乎先王之文缺已久，愼所記不具，又多舛。而以余之淺陋考之，且有所不合。』可見他有他個人的意見，對於說文是不大相信。那麼我們再看他的主張。進字說表有云「蓋聞人生有情，情發而爲聲，聲以類合，皆足相明。人聲爲言，述以爲字，字雖人之所制，本實出於自然，鳳鳥有文，河圖有畫，非人爲也。人則效此，故上下內外，初終前後，中偏左右，自然之位也。衡袤曲直，偶重交析，反缺倒仄，自然之形也。發斂呼吸，抑揚合散，虛實淸濁，自然之聲也。可視而知，可聽而思，自然之義也』。以至說到最後，則謂人之語言文字，純出於天籟，生乎自然，非人功之能爲。在此種情形之下，對前人之說旣不滿意，遂不得不出新的解釋。此外他並注重實在的現象，以求符於自然。臨川集答曾子固書有曰：『故某自百家諸子之書，至於難經、素問、本草諸小說，無所不讀。農夫女工無所不問。然後於經爲能知其大體』。此處所說，雖爲經學，但是他解釋也往往說字。（詳見下）在此，我們知道安石以文字本乎自然，就是天籟；而世間一切現形，即爲自然之象徵。其撰字說，即本此兩個宗旨。用此兩個宗旨，考究文字，所得的結果，乃是會意，只居六書之一。單簡的說，就是以會意爲宗旨。葉適石林燕語有曰：『王氏見字多有意，遂一概以意取之，雖六書且不問矣，況小學之專門者乎？是以每至於穿鑿附會，至有一字析爲三四字者，古書豈如是之煩碎哉』。朱文公集口口口口有曰

：『荆公字說，不明六書之法，謬廢其五，而專以會意爲言；有所不通，則遂旁取書傳一時偶然之語以爲證』，云云。字說之以會意爲宗旨，二氏之說甚確，實可與當時王聖美之主右形爲比。故許二氏之主會意，說其不能盡適於一切文字則可，然必律以六書，責難於安石，實亦未見其可也。

安石對於文字的態度旣如此，其淵源固有時代及個性關係，然亦須有直接習聞熏染者。考其所受之影響，爲楊承慶字統一書。玉函山房輯佚書字統序有曰『銓解字義，新而不詭於理。王荆公字說，蓋本於此。然不及其確當也』。荆公字說即本於此，在我們推想之外，尙須有實證。埤雅釋獸羚羊下引字說云『鹿比其類，環其角外嚮以自防，獨麢接其角木上，是所謂靈，夫豈如此亦以遠害。其霝也，亦所以爲靈也』。又麤下引字統云『鹿性驚防，分背而食，以備人物之害，故从三鹿。』若把字說所說，與字統比較，二說似無甚出入，是安石因襲字統之說非無據；不過字說略變其辭，未顯出字統之名耳。字統，隋志二十一卷。明楊升庵外集字說類猶引用。知明時猶存。今馬氏所輯者，僅三四十節。如能將諸書所引之字說備閱，其因襲於字統者，當不止此一事。是謂字說直接受有字統的影響，其理甚明。

b.字說撰述開始時期及中斷

字說開始至完成，其時間幾二十載，後凡數四刪改。其未得一次纂成者，因屢作屢輟之故。進字說劄子有云：『臣在先帝時，得讀許慎說文古字，妄嘗覃思，究釋其意，冀因自竭，得見崖略，若蠡測天，終以罔然，念非所能，因畫而止。頃蒙聖問俯及，退復黽勉討論』，云云。是字說之開始，實在英宗治平年間。不久即中止。至神宗熙寧八年三經新義成後，始復續述字說，蓋因神宗之問及也。中途而廢約十年，其開始撰作成績，想無甚可觀，只可謂之嘗試，然不可不謂之開始於此。若遽云廢止，又未可也。因爲字說中止後，不久便撰三經新義，經義雖大體以義爲主，而安石尤注意於文字。

據考古質疑說，『近世王文公其說經亦多解字』。澠水燕談錄卷十，『荊公之時，學者得出其門，自以爲榮，一被稱與，往往名重天下。公之治經，尤尙解字，末流務爲新奇，浸成穿鑿』云云。三經新義現存的，只有周官新義（附考工記）一種。其中說字處，往往皆是。再看元豐三年他又奏乞改三經新義誤字劄子，後來又將與門人所推經義，附於字說之後。以及場屋考試，亦盡以字說經。似此則字說之作雖或間斷，而字說材料之蒐集，則初未嘗有長久之間斷也。經義說字，蓋因其先作字說之故。而後來續撰字說，所賴於經義中之資料者爲尤多。然在中此時期之說字，只可謂之曰說字，或解字，不可直稱之爲字說。因字說之名，此時未立故也。如四庫全書題要說他周官新義訓詁多用字說，便是不辨別這一點，而把因果倒置了。

c. 撰述同人及其材料

王氏在撰三經新義之時，曾有其子雱及門人呂惠卿等爲之贊助。考字說之成，其同撰者當時亦不乏其人。並其材料，亦有他人爲之搜檢者。臨川集載有成字說後與曲江譚君丹陽蔡君同遊齊安一首，詩云：『據梧枝棲事如毛，久苦諸君共此勞，遙望南山堪散釋，故尋西路一登高』。譚蔡二君名字行實不詳於記載。贊助字說之成者，惟見此二人。他如陸佃輩，亦有助於此事，想亦在情理之中，惟無明言，不敢妄推。

字說材料除其所檢百家語，及諸小說以外，則爲三經新義中解字。再其次則爲諸友人門生之說。不過與譚蔡之專事編輯者又異。朱子語類大全有曰：『介甫不讀書時，每常入書院。有外甥懶學，怕他入書院，多方討新文字；得之只顧看新文字，不暇入書院矣』。明道雜志卷四曰『王荆公作字說，一日躊躇徘徊，若有所思而不得，子婦適侍見，因請其故，公曰，「解飛字不得」。婦曰「鳥反爪而升也」。公以爲然』。丹鉛錄曰『王荆公好解字說，而不本說文，妄自杜撰。劉貢父曰「易之觀卦，即是老鸛，詩之小雅，即是老鴉。」荆公不覺欣然，久乃悟其戲」。依上所引，皆可見王氏字說有取於他人之說。在此之外，並有王氏自動訪問於人者，進字說表有曰『咨諏討論，博盡所疑』是也。其所咨問者，不獨盡爲學者，農夫女工，也常請問。甚有許愼撰說文，陸佃撰埤雅，鄭樵撰昆蟲草木略之博訪解疑的精神。那麼我們對字說的材料，可歸納列於下面。

1. 從佛書百家語諸小說所得者
2. 三經新義之說字
3. 門客弟子之專事編輯者
4. 世人賓朋之口說者
5. 博訪於通人及農夫女工者

b. 撰字說時期的生活

安石撰字說時，即無他事，專事於此。常騎一驢，往來於蔣山。雖在飲食坐臥之間，未嘗不在思索說字。上面明道雜志所記他解飛字的一段故事，已可見他說字時的生活一斑。尤有更逼真寫他撰字說時的生活者，語類大全有云：『荊州作字說時只在一禪寺中，禪床前置筆硯，掩一龕燈。人有書翰來者，折皮翻放一邊。就到禪床睡，少時，忽然起來，寫一兩字，看來都不曾眠。字本來無許多意理，他要個個如此做出來，又要照顧得前後，要相貫通』。又曰：『介甫每得新文字，窮日夜閱之。喜食羊頭籤，家人供，或直看文字，信手撮入口中，不暇用筋，過食亦不覺，至於生患。且道將此心應事，安得會不錯？不讀書時，常入書院；有外甥懶學，怕他入書院，多方討新文字，得之只顧看新文字，不暇入書院矣』。宋稗類抄文苑類。『王荊公作字說，用意良苦，置石蓮百許枚几案上，咀嚼以運其思；遇盡未及益，即嚙其指，至流血不覺』，云云。試看以上幾件載記，荊公在撰字說之時的生活情形，大概可知。其撰作之精神，覃思之深刻，實非一般人所能辨得到。後來字說之信徒王鑑叔胡後明在疾病，睡覺，沐浴的時候，也是手指脚畫，口誦心惟的說字，並提模字說。誠存有安石撰字說時生活之風味。字說之出於艱難者如此，定多其獨到之處。謂之爲二三分不合人意，豈非公允之論乎？

e. 時人對於字說之旨趣

宋人本無所謂文字規律，人人盡可信口而談，說得有理由便算。安石即居於領導一般人之地位，性喜說寫，而尤好新奇，所謂『上有好者，下必有甚焉者』。於是舉國皆靡然從風，對於字說一事，皆能一知半解，結果差不多人人俱有很濃厚的興味。又以場屋之考試，更有學習的必要，遂使朝野士大夫所在之處，大半可以聽見他們說字，或談字說。邵博說他說字成俗，即此之故。或又說，安石晚年向字學，復以字書去取天下士，於是學者不復解經，而專解字，往往辨析字畫，說一字至數百言，可見當時字說之普遍，學者興趣之濃厚。今列舉數事於下。萍州可談有曰。『蘇州李章，以口舌爲生，介甫集有李章下第詩，亦才子也，老遊湖州，人皆厭其厄索。嘗詣富人曹監博家，曹方剖嘉魚，聞其來，遽隱魚出，子章已入耳目。旣坐，曹與論文，不及他事，冀其速去。談及介甫字說，章因言，「世訛謬用字，如本鄉蘇字，篆書魚在禾右，隸書魚在禾左，不知何等小子，遠移過此魚」！曹遂與扶掌共七箸。』過庭錄曰「嵩山隱者敍時，嘗有字說，解可字云，「方丁釘時，必相其孔之可否。「又解母字曰，「方爲女時，未有所乳，爲母，則兩乳垂矣。」」『羣碎錄『神宗問呂惠卿曰，蔗字從庶何也？曰，凡草木種之倶正生，蔗獨橫生，盖獨出，故從庶。』老學庵筆記卷二云『字說盛行時，……故相吳元中試辟雍程文，盡用字說，特免省門下侍郎。韓駒明作詩奏御，亦用字說中語。』似此類者，不可勝述，閑嘗約略論之，凡屬上舉故事，固看假爲名利之階而隨流揚波者，然大半亦實出於心服，對於字說，具有眞實好愛，殆有不可諱言者也。

下編

a. 續撰之完成

字說之開始，在英宗之時，未克完成而中止，已述於上。但今觀字說之自序云熙甯字說，知其續作在熙甯之年。再考其序文，以與門人推定經義所說之字，附於字說之後，又知其在經義完成上奏之後。經義之奏上，在熙甯八年六月，是字說之續作，應在九年或十年之間。又荊公作字說爲居金陵之時；公之出鎮金陵府，爲七年三月能相位以觀文殿大學士知江寧府，六月到任。然此時正撰三經新義，似未暇就此。即當時天下喧囂之際，神宗亦未必命其遽撰字說。則其時應在熙寧九年矣。是年十月，安石奏去平章政事，以使相判蘇甯府，領府局。（臨川集有經局感言一首）自是絕口不談朝事，新經義亦成。此正荊公作字說之義。至元豐元年，又能使相爲會靈觀使君，居於蔣山，更爲消閑，終日專事於此。尤好讀佛書。老學庵筆記卷三說：「元豐中，王荊公居半山，好觀佛書』。字說特多用天竺語爲說者，職此之故，此時非惟有新的見解，並往日之定說，亦多所糾正。我們看他在元豐三年又奏乞改三經新義誤字，便可想見。容齋續筆卷十五曾有一條，略說『荊公從蔣山郊步至民家，問其翁安在，曰「去撲棗」。始悟剝棗非剝去皮，當從前人之說。故其經義後不復見』。（按乞改經義第二劄子亦有此條）是字說雖有取於經義中之說字，而經義中之謬誤，又多有賴於字說之匡正。有若許叔重先撰五經異義，後著說文解字，多自糾彈前說矣，自此續撰直至元豐五年始克完畢，是年五月奏上。宋史選舉志一有云：『初神宗念字學廢，詔儒臣探討，而王安石乃進其說，學者習焉。……』按是時並有修定說文之舉，陸佃王聖美皆爲說文修定官。其年月雖未詳，要即在此時。字說序表亦皆未注明時日，惟臨川集載有成字說後與曲江譚掞丹陽蔡肇同遊齊安絕句一首（見上），最爲可證。然此詩蔡尚翔王荊公年譜會列於元豐三年，其誤是以五年之復遊齊安相混之過，近人柯敦伯所著之王安石在字說問題下曾駁之曰：此詩次於庚申壬戌遊齊安之後，故可證字說成於元豐五年。蔡尚翔列於元豐三年，偶失考耳』。顧棟高王荆公年譜亦將此詩列於五年。並謂字說進於此時。知字說之成於元豐五年，並無疑義。不然，以字說之事大功迂，實非三四年之間所能完成。即完成之後，尚猶數四刪改，益證謂成於三年者之無可能性。在遊齊安紀念詩之外，又有進字說七絕二首。（臨川集卷二十七）今錄於下，以見其意起感慨，及一種執拗自信之字說觀。

諡名百物自軒轅，野老何堪强討論？但可與人漫醬瓿，豈能令鬼哭黃昏！

鼎湖龍去字書存，開闢神機有聖孫。湖海老臣無四目，漫將糟粕汚修門。

b.篇卷板本部類及撰寫人

字說的篇次如何？以諸家所，引只冠以字說之名，不詳篇次。故字說之篇次情形，不得而知。其卷數，自序稱二十卷，進字說表又稱二十四卷。後人亦通計爲二十四卷。按其稱二十卷者，不計所附經義之數卷也。我們一讀其自序便知。其言曰：『余讀許愼說文，而於書之義時有所悟，因序錄其說爲二十卷，以與門人所推經義附之』。是以經義爲附錄品，故不計其卷數。進表之數，乃合經義並言也。是經義之數爲四卷，合並言之故爲二十四卷。

字說本子，不止一種。並非刻板之別，乃內容之不同。陸游渭南集卷三十一重廣字說跋云：『字說凡有數本，蓋先後之異，猶非定本也』。黃庭堅書王荆公騎驢圖曰『荆公晚年，刪定字說，出入百家語』。……因此可決定字說先後本子，最少有四五種，並且內容互有出入。但是我們現在可以知道的，有三種本子。一，李孝揚寫本，即元豐五年之進本，可謂爲第一次本。一，重廣本，即陸游跋本。重廣的意思，陸跋雖未說，我們可想而知。就是將前本所未收入的新字，新解釋，重行編入，附以刊行。一，最後刪定本，或即黃庭堅所說者。至其他數本，則莫得而考焉。

字說雖因說文而撰，其部類未必依說文之始一終亥，因其分類法之煩，實不適於當時讀者之用。段玉裁汲古閣說文訂序說述：『自鉉書出，而鍇書微；自李氏五音韵譜出，而鉉書又微』。李燾說文解字五音韵譜也說：『鍇無恙時，鉉嘗說文偏旁奧密，不可意知，因令鍇以韵譜其四聲，庶幾檢閱力省功倍。鉉又為鍇篆名曰說文韵譜，其書當與繫傳並行。今韵譜或刊諸學官，而繫傳訖莫光顯』。……這兩段話，都足以證明始一終亥之部類，因不便檢查而沈薶；以四聲分類者，能得以光顯。足見當時人之一種趨易避難的習性。那麼是字說決定不會從說文之舊部。況字說又有一種疊解，也非說文之舊部所能包容。至字說部類分居之廓略，所可見者，僅存於楊龜山之辨字說，今錄於下，一見便知其部類非說文之舊，乃如徐李二家之韵譜，以四聲為分者也。

空　倥侗　同　金銅　童　中　忠　洪　鴻　公　松栢　籠　冬　天示

犧牲　戲　罝罷　終聰　思　蒺藜諸　之　懿徽　除　蟋蟀　紅紫　豐　崇

高

其目凡二十七，其文凡三十九，或不及字說之一卷。然實古有東冬鐘江支脂之七韵之部。間有雜側與今韵不合者，須知彼時韵書，與今本比較，其出入在所難免。即徐氏韵譜，與李氏五音韵譜，較今韵即有不同者。其他之重疊，有以上一字爲韵者，有以下一字爲韵者，乃因牽就熟語之關係。在熟語之外，猶有以義近相合者，如終聰崇高者是。有專名詞，如蟋蟀犧牲者是。又有以形類系聯者，如罝罷蒺藜諸者是也。是類皆屬於疊解之範圍，故彼時有特作字說疊解備檢一書者，蓋因其疊解之名詞，熟語，乃安石私意以爲相同而合併者，猶如許愼之分部，其意以爲應始一終亥，人何由能其方便？

由是知疊解備檢，即爲此而設，此即名之曰疊解。然則字說部類之方法，實以廣韻之四聲爲分，而兼采說文之部首，爾雅之釋訓方法云。

宋人寫書多爲名手，如說文繫傳曾有王子韶寫刻者。字說奏上，朝廷自視爲典要，遂詔大書家王壽卿爲之篆寫，（籀史謂壽卿終身布衣；趙明誠撰古器物銘碑十五卷，壽卿爲之篆，得二李筆意。……）未果，後來篆寫者爲李孝揚。孝揚籍貫事業不詳。書史會要曰：『王壽卿字魯翁，陳留人，祖擇之外甥，召至京師，使篆字說，辭以與王氏之學異，復以命李孝揚』。孝揚行事雖不詳，其篆法當亦有可觀，由是我們更知道，字說之部首爲篆體。

C 字說在當時之地位

字說奏上之就，即頒於學官，使天下人士皆誦習之。於是一般人士，靡然景從，勃勃揚揚，實極一時之盛。上編末條時人對於字說之旨趣，亦可看出這種意思，然非字說眞正價值之表現。今約分爲三點，以明字說地位，一，朝野之崇尙；二，反對派之失敗；三，學術界之評論及其他。

宋史安石本傳有云『安石晚居金陵，又作字說，多穿鑿附會，其流入於佛老。一時學者，無敢不傳習，主司純用以取士，莫得自名』。又選舉志：『書學生習篆隸草三體，明說文字說爾雅小雅方言……』鄧肅書字學曰：『熙豐以來，專用王安石字學。士大夫師之，莫敢誰何』。老學庵筆記卷四云：『吳元中相承在辟雍，試經義五篇，盡用字說，援據精博。蔡京爲進呈，特免赴省廷試，以爲學字說之勸。……』此可見場屋當時之崇尙。徽宗勅王黼所撰之博古圖，其中訓釋往往引據字說，今猶可見；在語類大全內朱子說過，『近看博古圖更不成文理，更不可理會，也是怪。其中說一旅字云。「王曰：衆也」，這是自古解作衆，他卻要恁地說時，是說王氏較香得些子，這是要取奉那王氏，但恁地也取定得來不好』，似此同樣之引據者，又有陸佃爾雅新義埤雅二書。汪師韓韓門綴學論五雅有曰：『陸師農埤雅本名物性門類。其未作書之前，先有爾雅新義，二書多用王荊公字說，以此不爲學者所貴，幾與王元澤爾雅同譏矣』。書錄解題爾雅新義下曰：『佃於是書，用力勤矣。……以愚觀之，大率出於王氏之學，與劉貢父所謂不徹薑食，三牛，三鹿，戲笑之語，殆無以大相過也』。今見陸氏二書，惟埤雅間有引字說者；爾雅新義雖亦稱王文公曰，然其數不多，更未見如陳氏所詆譏戲笑之無價値者。佃書引用字說，汪師韓陳振孫只道其無意思而已。並有以佃爲王氏門人之嫌，而爲說者，是更不然。謂陸與王有主客關係則可。如謂其所著書用字說之旨，有希進之意，又何以解於佃之後竟入於元祐黨哉？知出此說者，實爲失入。佃書之所以引據字說者，乃認其有被引之必要而然，初非謂有他種用心也。考古質疑曰：『近世王文公，其說經亦多解字，……有如中心爲忠，如心爲恕，朱晦庵亦或取之』。晦庵豈牽爾取之乎？必亦視其有引取之道理而始取之。以上爲字說之見用者。此外時人所撰之字說工具書，亦有數種：郡齋讀書志載有無名氏字說偏旁音釋一卷，又無名氏字說㬎解備檢一卷，晁氏並不詳撰者名字。老學庵筆記卷二曰：『字說盛行時，有唐博士耜韓博士兼皆作字說解數十卷，太學諸生作字說音訓十卷。又有劉全美者，作字說偏傍音釋一卷，字說備檢一卷，又以類相從，爲字令十三卷』。然則晁氏所不詳著者之字說偏旁音釋及㬎解備檢或即指劉全美之書。二博士之字說解或有作字說集解四十冊者，始符於讀書志所謂集紹聖以來諸生程試，關於字說之解釋的意義。其四十冊較讀書志之一百二十卷實每冊占有三卷。此集解與字說關係甚大，一則可以知一般士子之所樂從，一則可以見字說之實能集其大成，不啻爲當時之一總彙字典也。再若音釋，音訓，可謂之注音，或兼有解釋。備檢，字令，皆爲檢閱省力而作，可謂爲檢字。然則字說即根據於諸專門字書，又見稱引於士子之文，而居然成書百餘卷。又凡關於字說之難處，人又皆爲之解決，雖欲謂字說不宜於人之口耳，亦不可得也。這不就是他的地位嗎？

相傳有兩句話：「欲掩而益彰，將辨而反妄。」此語不但可爲反字說者道。即中國過去之一切經也史也，大半皆可借用是語以商榷之。宣和書譜曰：「王子韶字聖美，浙右人。方安石以字書行於天下，子韶亦作字解二十卷，大抵與安石之書相違背，故藏於家而不傳。子韶本治說文者，然主右形。神宗時曾爲說文修定官。（已見上）當然負有文字學之重名。其撰字解，實欲抗衡或壓倒字說；然竟束之高閣，老朽於蘊櫝，寧無故乎？又有楊龜山辨王安石字說一卷（見龜山集）其詳說已見於上。楊氏本最讐看安石書，在他的集子，語錄裏面，不少見到他攻擊王安石的記載。因此我疑楊氏最初或具有辨安石之三經新義者，將字說全部所有的謬誤皆爲駁辨；後來只成此一卷耳，所以有如是之整齊。惟楊氏在欽宗時，倡議禁王安石所有著作，謂之爲邪說。並乞奪其配享。於是惹起一大學潮。龜山引避不出，始幸了事，結果乃能其祭酒職。此事雖不專爲字說，字說實亦原因之一。（詳見下）故亦可謂爲反對派之失敗。

書評在上面已見崖略、然語焉不詳，故不嫌重舉於此。緗素雜記曰『字說鴝從句，鵒從欲，解云，「鴝鵒多欲，尾而足句焉。」余少時讀字說而不解，其後因看段成式酉陽雜俎云，「鴝鵒交時，以足相勾，促鳴鼓翼相鬥狀，往往落地。人或就而掩之，取其句足爲魅藥。」今觀鴝鵒羣集木上，其間或有雙墮地者，以是驗成式之果不妄，而舒王於百家小說無所不取也。』考古質疑曰：『近世王文公，其說經亦多解字，如曰「人爲謂之僞，」曰「位者人之所立」，「曰訟者言之於公」，與夫「五人爲伍，十人爲什，歃血自明而爲盟，二戶相合而爲門，以兆鼓發，與邑交則爲郊」曰，「同田爲富，分貝爲貧」之類，無所穿鑿，人亦何議哉。』又黃山谷書荊公騎驢圖曰：『荊公晚年刪定字說，出入百家，語簡而意深，常自以爲平生精力盡於此書。

』（捫蝨錄同）這幾種叙說，都可以當作字說之評語看，然又無標榜作用。於是積千年疑謗字說的觀念，能不發生一巨大之轉變乎？

道山清話有云：『張文潛言，常見張安道云，「司馬脫實眞言，王介甫不曉事，是如何？」安道云，「賢只消去看字說。」文潛云「字說也只是二三分不合人意處。」安道云，「若然，則是亦有七八分不曉事矣。」文潛大笑』。老學庵筆記卷一有云：『林自爲太學博士，上章相子厚戲云，「伏惟門下相公，有歟有爲，無相無作。」子厚在灊堂，因與執政語及，大罵云，「這奴敢亂道如此。」蔡元度曰，「無相無作，雖出佛書，然荆公字說嘗引之，（楊氏辨字說容字下引）恐亦可用。」子厚復大罵曰，「荆公亦不曾奉勅許亂道，况林自乎？」坐皆默然。』卷二又有云『余少時見族伯父和霄字韵詩，云「雖貧未肯氣如霄，」人莫能曉，或叩之，答曰，此出字說。霄字云「凡氣升此而消焉，」其奧如此。前輩胡浚明尤酷好字說，常因浴出大喜曰，「吾適在浴室有所悟，字說直字云，「在隱可使十目視者直」。吾力學三十年，今能造此地。……』就此數事也可得見幾點。字說有七八分存在價值；時人於字說之熱，覺看字說所說的都是對的；又可見字說之深奧也。

那麼我們再把前後綜合為一起，歸納於下，以見字說之地位如何。

1國學程式，例用字說，並定字說與說文爾雅等並習。

2見引用於官私著述，朝野人士多為之作音釋，集釋，檢字。

3反對派王聖美楊龜山之失敗。

4後人評論的推崇。

d字說之被禁及復興

字說自元豐五年奏上，即頒於學官，布示天下，使家家遵用。以至元豐之末，其勢始終巍然。自司馬光用事，遂一洗安石之舊，哲宗元年正月，禁科舉用王氏經義字說。然至紹聖元年六月，又復除去其禁。宋史選舉志一有云：『帝（哲宗）既親政，羣臣多言元祐所更學校科舉制度非是。帝念宣仁保祐之功，不許改。紹聖初（即元年），議者益多。乃詔進士，能詩賦，專習經義，廷對仍試策。初神宗念字學廢缺，詔儒臣探討，而王安石乃進其說，學者習焉，元祐禁勿用，至是除其禁……』李燾說文解字五音韻譜序有曰：「安石初是說文，覃思頗有所悟。……字有六義，彼乃用其一，雖欲不鑿得乎！科試競用其說，元祐嘗禁之，學官導諛，紹聖復用，嗜利祿者靡然風從。」綜觀以上二說，於字說被禁及復興之事，甚爲顯明。然此次雖除其禁，僅經過徽宗一世；至欽宗時，又被廢止。上節所說楊龜山惹起學潮，即指此事。宋史選舉志三，略謂欽宗即位，羣臣言取士當質以史事及時政方可。今也不然，只識詩賦。若遵祖宗成憲，王安石解經，有不背聖人旨意者，亦可采用。至老莊之書，及字說，並應禁止，詔禮部議。諫議大士兼祭酒楊時言安石爲邪說，以塗學者之耳目，應加以禁止。但當時諸習用安石學說之大學生，閒時之言，羣起將楊時包圍，並詆罵之。時不得已，引避不出，齋生始散。然此次運動，字說解禁與否，不敢確定，要之字說從此式微矣。中興藝文志云：『字始連環鄭樵撰。中興後，安石之字說既廢，樵複理其緒餘，』云云。老學庵筆記卷二有云：『近時此學（指字說）既廢，余平生惟見王瞻叔篤好不衰；每相見，必談字說，至暮不雜他語。雖病，亦擁被指畫，誦說不少輟。其次晁子止侍郎，亦好之』。『玩陸氏語意，「余平生」似在五十左右，當孝宗之乾道年間。鄭樵卒於紹興三十二年。二人年代實不相遠。是字說自欽宗時醞釀廢止以後，猶延遲三十餘年始行寢廢者，可無疑義。然字說在北方的衰微，較早於南方。宋稗類抄彊索類有云：『粘罕在西京，尊富正公文潞公司馬溫公子孫，……拘刷三館書籍，凡王氏經說，字說，皆棄去之。』可證字說在北方較先消歇於南方矣。

e 字說亡佚的時代

中興藝文志老學庵筆記雖皆云字說已廢，然其書之流傳實至明末猶存。李時珍本綱草目引書目錄，猶列其目；至其書中所引用者，當然不少。明史方技傳李時珍傳曰：「書成，(本草綱目)將上之朝，時珍遽卒。未幾，神宗詔修國史，購四方書籍，其子建元以父遺表及是書來獻。……」是字說直至明神宗時代，猶見存世之明證。字說之見引於本草綱目，這一點很可以補充他的地位；前面說過他與會子固書，說他於素問難經本草，也都看，想必對於本草藥方，也有相當探討。時珍此編，必須引據他的字說，蓋以此也，柯敦伯王安石字說章略謂，字說至清乾隆修四庫全書時始不見。惜未說出理由，今姑錄於此，補爲一說，待有確證，再爲探討可也。民國二十一年十一月四日於師大研究院

卷四補遺一首

孫氏古文聲系序

以聲均條系古文字而爲書者，始于宋無名氏之籀均。其書雖佚，而夏英公古文四聲均之作，實做則而采用之。英公書奏進於仁宗慶曆四年。嗣是蹤起者，若趙善繼有廣古文四聲均字源，黃伯思有古文均，王楚有鐘鼎篆均，杜從古有集篆古文均海，薛尚功有廣鐘鼎篆均，楊鈞有增廣鐘鼎篆均，吾丘衍有鐘鼎均，薛延年有鐘鼎篆均。闓闢炤映，禕歟盛矣。第諸家所倚均部，類廛廛焉守周沈二百六部始東終乏之遺製。非能叵見遠流，藉以上稽文字與語言蟬嫣文關之大原。謂之爲「美哉猶有憾」者非歟。今吾鄉孫君海波，獨能兼綜洹水甲骨，殷周彝器。時歷綿艾，文成數千。而後取高郵王氏古均二十一部，參以曲阜孔氏分冬于東之說，共得二十二類。以之科條羣文，首系聲母。其緣母繁衍孳乳之字，即件列其下。間加箋釋，要言不煩。成古文聲系一書。都二十二卷。夫於是，由均部以求聲母，由聲母以求諧聲。劑乎若網之在綱，裔之隨領。又若裘伤之有其首會，腨膌之拊諸心呂也。信足以彌古人之缺失，成天下之鉅觀。卓然鴻編，當之無遜色矣。顧吾於東冬之分，私以謂尚待揚㩁者凡有二事。

自孔巽軒釃東冬爲二，著其說于詩聲類。然在當時，王石臞已深非之。王氏於道光元年與江晉三書云，「孔氏分東冬爲二，念孫亦服其獨見。然考蓼蕭四章，皆每章一均。而第四章之沖沖雝雝，既相對爲文，則亦相承爲均。孔以沖沖均濃，雝雝均同。似屬牽强。旄丘三章之戎東同。孔謂戎字不入均。然蒙戎爲疊均，則戎字入均明矣。左傳作「尨茸，」亦與公從爲均也。又易彖傳象傳合用者十條。而孔氏或以爲非均，或以爲隔協。皆不可析爲二類。故此部至今尚未分出。」按王氏此書，糾正孔氏謬見，已十分具足。追後

北平人文書店出版書目

中國新文學源流	周作人著	定價宣紙五角 報紙四角
近代文藝思潮	孫席珍著	定價洋五角
新文藝批評談話	黎君亮著	定價洋五角五
文學的藝術	陳介白譯	定價洋六角
英詩概論	張振先著	定價洋五角
中國文學批評史	羅根澤著	定價一元一角
中國古代文藝思潮論	王俊瑜譯 周作人校	定價洋六角
諸子百家考	王俊瑜譯 周作人校	近刊
國學大綱	汪震 王正己編	定價宣紙八角 報紙六角
人間詞及人間詞話	王國維著	定價宣紙八角 報紙六角
讀詩札記	俞平伯著	定價洋六角
初日樓詩駐夢詞合刊	嚴既澄著	定價洋五角
佩文新韻一名國音分韻常用字表	黎錦熙 白滌洲著	定價洋九角
近代散文鈔	沈啓无編	定價上卷一元 下卷一元二

北平人文書店出版書目

現代散文選	孫席珍編	上下二卷定價二元
現代中國女作家	草野著	定價洋四角五
黃昏（小說）	丁文著	定價洋七角
沒有仇恨和虛偽的國度（小說）	高素著	定價洋七角
街頭夜（散文集）	吳伯簫著	近刊
委曲求全（三幕劇）	李健吾譯	定價洋四角
被幽囚的普羅密修士（希蠟悲劇）	楊晦譯	定價洋四角
英雄（希臘神話）	王永棠譯	定價洋四角
生活的路（蘇俄小說）	熊紹鈞譯	定價洋六角
白里安（傳記）	周久安譯	定價甲種二元六 乙種二元
怎樣研究文學	華北文藝社編	定價洋六角五分
現代中國書信選	魏元青編	近刊
現代中國日記選	魏元青編	近刊
英漢雙註嘉德橋市長（小說）	劉泗 趙德先註	定價一元二角

人文書店經售晨報絕版書籍

晨報星期畫報第一		一元
晨報星期畫報第二		一元
都門釣魚記	于非厂著	二角五分
都門藝蘭記	于非厂著	三角
都門豢鴿記	于非厂著	八角
渾不似	慎言著	一元五角
愛的成年	后安譯	四角
杜威五大講演	胡適譯	一元
小說第二集	許欽文編	五角
愛美的戲劇	陳大悲著	六角
自己的園地	周作人著	六角
義賊畢加林	楊敬慈譯	六角
人世地獄	楊敬慈譯	四角五分
賊窟生活	張健庵編	三角
遊記第二集	俞頌華編	三角
狂人	楊敬慈譯	六角
五卅痛史	晨報編輯處 清華學生會合編	六角
柏女士講演討論集	許興凱編	四角
說不得	慎言著	六角
銀行學	吳士瑜編	一元二角
如此家庭	綺青著	三角五分
阿朶耳夫	棐塵譯	六角
體育紀念	北平體育會編	五角

英日美侵畧政策	日本早稻田大學政學士陳震異著	六角
六月	寒符編	一元
戀愛與結婚	愛倫凱著 朱舜琴譯	八角
爛縵之園	爛縵社出版	一角五分
歐美教育思潮	范錡著	一元
登山	四璧文學會會員	三角
秋心女士	金淑芳著	五分
愛的破產	秦豐川著	三角
俄文重音譯議折變法		一元五角
水上詩集		四角
將來婦女	謎小岑譯	二角
春的歌集	湖畔詩社	二角五分
東海之濱	倪貽德作	四角
悵惘	馮都良作	三角五分
李宗武文		三角
教育論文索引	潘大逵 章裕昌等編	六角
普遍民衆救國運動	陳長蘅譯	一角五分
二五附稅與財政計劃	陳震異譯	一元
臨城刼車案		六角
晨報七週增刊		一元二角
晨報六週增刊		八角

晨報絕版書籍總發行處

青雲閣 佩文齋
東安市場 佩文齋
金魚胡同 人文書店
琉璃廠 人文書店

文字音韻學論叢

定價大洋壹元

民國二十四年四月初版

(1——3000)

編撰者　息縣劉盼遂

出版者　人文書店　北平琉璃廠西頭門牌第一七八號

總發行所　人文書店營業部　北平東安市場北門西邊路南金魚胡同二十五號

分發行所　上海英租界三馬路佩文齋　北平琉璃廠佩文齋　北平東安市場內佩文齋　北平青雲閣佩文齋　天津法租界廿四號路佩文齋

代銷處　各埠各大書店